L&PMPOCKET**ENCYCLOPAEDIA**

CB071901

China moderna

CORTESIA DO EDITOR

Série **L&PM**POCKET**ENCYCLOPAEDIA**

Alexandre, o Grande – Pierre Briant
Budismo – Claude B. Levenson
Cabala – Roland Goetschel
Capitalismo – Claude Jessua
Cérebro – Michael O'Shea
China moderna – Rana Mitter
Cleópatra – Christian-Georges Schwentzel
A crise de 1929 – Bernard Gazier
Cruzadas – Cécile Morrisson
Economia: 100 palavras-chave – Jean-Paul Betbèze
Egito Antigo – Sophie Desplancques
Escrita chinesa – Viviane Alleton
Existencialismo – Jacques Colette
Geração Beat – Claudio Willer
Guerra da Secessão – Farid Ameur
Império Romano – Patrick Le Roux
Impressionismo – Dominique Lobstein
Islã – Paul Balta
Jesus – Charles Perrot
John M. Keynes – Bernard Gazier
Kant – Roger Scruton
Lincoln – Allen C. Guelzo
Maquiavel – Quentin Skinner
Marxismo – Henri Lefebvre
Mitologia grega – Pierre Grimal
Nietzsche – Jean Granier
Paris: uma história – Yvan Combeau
Primeira Guerra Mundial – Michael Howard
Revolução Francesa – Frédéric Bluche, Stéphane Rials e Jean Tulard
Santos Dumont – Alcy Cheuiche
Sigmund Freud – Edson Sousa e Paulo Endo
Sócrates – Cristopher Taylor
Tragédias gregas – Pascal Thiercy
Vinho – Jean-François Gautier

Rana Mitter

China moderna

Tradução de Rosaura Eichenberg

www.lpm.com.br

L&PM POCKET

Coleção **L&PM** POCKET, vol. 937

Rana Mitter, professor de História e Política da China Moderna na Universidade de Oxford, é autor de *The Manchurian Myth: Nationalism, Resistance and Collaboration in Modern China* (2000) e *A Bitter Revolution: China's Struggle with the Modern World* (2004), finalista do British Academy Book Prize.

Texto de acordo com a nova ortografia.

Título original: *Modern China*

Primeira edição na Coleção **L&PM** POCKET: março de 2011

Tradução: Rosaura Eichenberg
Capa: Ivan Pinheiro Machado. *Foto*: © Xinhua/eyevine/eyevine news/Latinstock
Preparação: Elisângela Rosa dos Santos e Caroline Chang
Revisão: Tiago Martins

CIP-Brasil. Catalogação-na-Fonte
Sindicato Nacional dos Editores de Livros, RJ

M674c

Mitter, Rana, 1969-
  China moderna / Rana Mitter ; tradução de Rosaura Eichenberg. - Porto Alegre, RS : L&PM, 2011.
  176p. : il.   (Coleção L&PM POCKET Encyclopaedia; v. 937)

Inclui bibliografia
Apêndice
ISBN 978-85-254-2160-9

1. China - Civilização. 2. China - História - Séc. XX. 3. China - História - Séc. XXI. I. Título. II. Série.

11-0691.   CDD: 951
                               CDU: 94(510)

© Rana Mitter, 2008
***China moderna* foi originalmente publicado em inglês em 2008.
Esta tradução é publicada conforme acordo com a Oxford University Press.**

Todos os direitos desta edição reservados a L&PM Editores
Rua Comendador Coruja, 326 – Floresta – 90220-180
Porto Alegre – RS – Brasil / Fone: 51.3225-5777 – Fax: 51.3221-5380

Pedidos & Depto. comercial: vendas@lpm.com.br
Fale conosco: info@lpm.com.br
www.lpm.com.br

Impresso no Brasil
Verão de 2011

Sumário

Agradecimentos 7

Pronúncia 8

Capítulo 1: O que é a China moderna? 9
   O que significa ser chinês? 14
   O que significa "moderno"? 19

Capítulo 2: A antiga e a nova ordem 25
   A era de ouro 26
   O novo mundo 28
   A crise da república 38
   Movimento Quatro de Maio 42
   A Expedição do Norte 45

Capítulo 3: Modernização da China 48
   Os nacionalistas no poder 49
   Vitória em Chongqing 61
   Mao no poder 62
   Gaige kaifang: reforma e abertura 71
   A China desde 1989 77
   Uma política moderna? 80

Capítulo 4: A sociedade chinesa é moderna? 82
   Homens e mulheres 82
   Guerra e sociedade 89
   A China é uma sociedade mais rica do que foi
   na era de Mao? 93
   A China é livre? 95
   A paixão pelo aperfeiçoamento 100
   Os Jogos Olímpicos de 2008 102
   As outras Chinas 104
   Uma sociedade moderna? 110

Capítulo 5: A economia chinesa é moderna? 111
    As origens da moderna economia chinesa 112
    A colisão com o imperialismo e a industrialização 114
    A China de Mao 116
    A China na economia global 118
    Problemas do crescimento 122
    Conclusão 126

Capítulo 6: A cultura chinesa é moderna? 127
    As origens do público leitor moderno 127
    Quatro de Maio e seus críticos 130
    Escritores e artistas no governo de Mao e na reforma .. 135
    Cinema 137
    Heshang 139
    Arquitetura e a cidade moderna 144
    Conclusão 147

Capítulo 7: Admirável China nova? 148

Linha do tempo 150

Referências 152

Leituras complementares 155

Índice remissivo 158

Lista de ilustrações 164

AGRADECIMENTOS

Sou muito grato a todos aqueles da Oxford University Press que me encarregaram desta Very Short Introduction e acompanharam suas várias etapas de vida: Marsha Filion, Luciana O'Flaherty, Deborah Protheroe e James Thompson. A escrita deste livro tornou necessária uma leitura copiosa. Não poderia ter arranjado tempo para fazer essas leituras e reflexões sem o professor substituto temporário para a minha função acadêmica, financiado pela generosa verba de um Prêmio Philip Leverhulme do Leverhulme Trust, pelo qual sou imensamente grato. As observações de campo em 2006 tornaram-se possíveis graças à concessão de uma vaga no plano de intercâmbio da Academia Britânica e a Academia de Ciências Sociais Chinesa. Devo igualmente agradecimentos aos revisores anônimos que fizeram comentários valiosos tanto na fase da proposta quanto na etapa da redação do trabalho. Alguns colegas e amigos contribuíram de muitas maneiras para o livro, mas devo mencionar Graham Hutchings e Neil Pyper, que pacientemente leram e comentaram a maior parte de um rascunho incipiente com humor e uma grande dose de bom senso. Tive ainda o apoio constante de meus pais e de Pamina. Katharine leu e comentou todo o original, oferecendo apoio de várias outras maneiras. Este livro é dedicado a ela.

Pronúncia

Este livro usa o sistema *pinyin* de romanização do chinês. De forma muito aproximada, as transliterações que causam a maior parte dos problemas são os seguintes fonemas:

c – pronunciado "ts"

x – pronunciado "ch"

q – pronunciado "tch"

E os fonemas *chi, zhi, ri, si, shi* e *zi* são pronunciados como se o fonema "i" fosse um "r" retroflexo, isto é, "chr", "zhr", e assim por diante.

Capítulo 1

O QUE É A CHINA MODERNA?

> É impossível não concordar com o veredicto unânime de que a China chegou por fim à hora de seu destino... O desprezo pelos estrangeiros é coisa do passado... Mesmo nos lugares remotos, temos encontrado o novo espírito – sua evidência, estranhamente, é o desejo quase universal de aprender inglês... porque se considera que o conhecimento do inglês é o caminho para o progresso, a chave para o conhecimento da ciência e da arte, da filosofia e da política, do Ocidente.

Essa avaliação é retirada do livro *New China*, de W. Y. Fullerton e C. E. Wilson. Na terceira década da era de "reforma e abertura" da China (*kaifang gaige*), os clichês da antiga era maoísta – os chineses como formigas operárias pronunciando slogans anti-imperialistas, todos vestidos de macacões de sarja azul – deram finalmente lugar a impressões de um país cujas cidades estão repletas de arranha-céus, cujas áreas rurais estão sendo transformadas por novas formas de propriedade de terra e por um aumento notável de mão de obra migratória, cuja população está interessada em se envolver com o mundo exterior após anos de isolamento. A observação de Fullerton e Wilson de que a China está chegando à "hora do seu destino" e de que uma parcela significativa da população está aprendendo inglês como a única maneira de cumprir esse destino parece um comentário sensato sobre uma China que é muito diferente daquela governada, uma geração atrás, pelo presidente Mao.

Entretanto, Fullerton e Wilson não redigiram suas observações após desembarcarem nos aeroportos Kennedy ou Heathrow em um dos muitos 747 da Air China que transportam milhares de viajantes diariamente entre a China e o Ocidente. Escreveram o seu livro um século atrás, e suas reflexões sobre aquilo que recebeu o subtítulo de "uma história de viagem moderna" foram publicadas no que é, em retrospecto, um momento particularmente pungente na história da China: o ano de 1910. A China que descrevem era viva, até mesmo otimista, e muito envolvida com o mundo exterior. Porém, no espaço de um ano, a dinastia Qing, a última casa imperial chinesa que ainda regia o país que Fullerton e Wilson visitaram, havia caído. A revolução de outubro de 1911 deu finalmente cabo a uma tradição de dois mil anos de governo imperial na China, abrindo caminho para uma república. Essa república desmoronaria menos de quarenta anos mais tarde e seria sucedida por uma República Popular, cuja forma mudaria ao longo das décadas, à medida que lutava para definir o que era "a China moderna". O fato de uma descrição de viagem do início do século XX ainda ter ressonância no início do século XXI é um sinal de quanto tempo a China levou para definir a sua visão de modernização.

A China é o país mais populoso do mundo, com cerca de 1,3 bilhão de habitantes no início do século XXI. Sua economia cresceu na primeira década deste século a uma média de 10% por ano. O país está procurando um papel regional e global, com uma nova presença política e econômica na África, na América Latina e no Oriente Médio, e tem dado passos frequentes para se apresentar como um membro responsável da comunidade mundial, desempenhando um papel em áreas conturbadas, como o Irã e a Coreia do Norte, onde o Ocidente tem pouco controle. As Olimpíadas de Beijing em 2008 marcam o début da China como um membro integrado da comunidade mundial das nações, o apogeu da "ascensão pacífica" que o país tem planejado e construído desde meados da década de 90. O próprio termo "ascensão pacífica" (*heping jueqi*), associado ao pensador político Zheng Bijian, foi julgado por ideólogos chineses como demasiado agressivo e tem sido substituído pelo termo "desenvolvimento pacífico". Contudo, a ideia continua a mesma: a China está finalmente ganhando o papel de potência regional e global que perdeu na metade do século XIX.

Em todo lugar que se visita na China, há sinais de mudança. Áreas de considerável tamanho do Oeste da China têm sido inundadas para tornar possível a enorme Represa das Três Gargantas no rio Yangtze. Seus antigos habitantes estão sendo realocados e urbanizados à medida que o país afasta-se de seu passado agrícola e tradicional. Nas cidades, o Baidu, um mecanismo de pesquisa na internet desenvolvido pelos chineses, domina o mercado que, na maioria dos outros países, é dominado pela marca líder mundial, o Google. Abaixo das leis rigorosas de censura da China, existe uma "zona cinzenta" de produção cultural: desde filmes underground que criticam a Revolução Cultural até pornografia, os rebeldes culturais encontram maneiras de divulgar suas visões.

A China é hoje um *player* principal nos mercados mundiais. Durante grande parte do início da década de 2000, a expansão de suas exportações provocou preocupações nos Estados Unidos e na Comunidade Europeia a respeito do superávit comercial chinês. O Ocidente também se preocupava com a força da moeda chinesa (o yuan ou renminbi) em relação ao dólar, com os americanos e os franceses fazendo lobby no Banco do Povo da China para que a moeda fosse

1. Trabalhadores migrantes ilegais são uma visão comum nos canteiros de obras chineses. O seu trabalho sustenta as linhas de horizonte futuristas em cidades como Shanghai ou Beijing.

revalorizada. O superávit em conta corrente chinês significa que o país tem dinheiro para utilizar em investimentos pelo mundo, dos Estados Unidos até a África e a Rússia. Companhias chinesas compraram o ativo do grupo automobilístico falido British Rover em 2005; ofereceu-se capital chinês para ajudar o respeitado fornecedor de serviços financeiros do Reino Unido, Barclays, a pagar a incorporação de um rival holandês, ABN-AMRO, em 2007.

Mas a China também está empreendendo um dos mais precários atos de equilibrismo na história mundial. Embora tenha a economia de crescimento mais rápida do mundo, o país está se tornando uma das sociedades mais desiguais do globo, mesmo com iniciativas que tiram milhões da pobreza. Para os pobres rurais e urbanos, os serviços de saúde e educação só existem para quem pode pagá-los. A China está nas garras de uma crise de recursos e do meio ambiente. Por todo o país, apagões de energia interrompem regularmente a produção industrial. Em termos globais, precisa disputar energia e recursos minerais. A degradação ambiental força os ciclistas a usar máscaras contra o nevoeiro e a fumaça, tendo acabado com os golfinhos no Yangtze. Enquanto o aquecimento global se acelera, a China está decidida a tornar-se o maior emissor mundial de dióxido de carbono na atmosfera. Ela continua a manter uma ditadura de partido único e restringe violentamente a dissensão política; porém, todos os anos há milhares de demonstrações contra políticas e práticas oficiais, algumas violentas. A corrupção também medra com abundância.

Há diferenças significativas entre a China do início do século XX e a do início do século XXI. A China de um século atrás era vítima do imperialismo ocidental e do imperialismo japonês, correndo risco, na expressão da época, de "ser esvaziada como um melão" pelas potências estrangeiras. Era um Estado fraco e vulnerável. A China de hoje, embora tenha profundos atritos e falhas, é uma entidade muito mais forte. Todavia, as similaridades entre a China de hoje e a China de cem anos atrás são surpreendentes: instabilidade política, crise econômica e social, bem como a necessidade de encontrar um papel em um mundo dominado, embora menos do que no período pós-Guerra Fria, pelo Ocidente.

Os líderes chineses, que têm uma consciência aguda da história (consciência cada vez menos encontrada nas classes governantes americanas e britânicas), perceberam que a dinastia Qing, aparentemente moribunda, tinha começado a se modernizar em um ritmo bastante rápido nos primeiros anos do século XX. Ainda assim, entrou em colapso, tal como a maioria dos regimes posteriores nas quatro décadas seguintes. É uma intenção sincera dos governantes da República Popular da China que esse destino jamais lhes aconteça. Para entender os seus medos e preocupações, e para entender o país em seus próprios termos, a China atual só pode ser compreendida no seu contexto histórico e global. É o que este livro tenta fazer, explicando as razões pelas quais a China moderna tem a aparência que exibe hoje em dia.

De modo geral, o livro pretende apresentar uma descrição da China que reflita três pontos de vista principais. Primeiro, em vez de ser uma sociedade fechada, a China tem sido quase sempre uma sociedade aberta à influência do exterior: a cultura e a sociedade "chinesas" não podem ser compreendidas sem se levar em conta o mundo exterior. Em outras palavras, a China não pode ser tratada como um caso especial de sociedade isolada, mas antes como parte de uma cultura regional e global em mutação. Segundo, é demasiado simples dizer que ela passou de um passado "tradicional" para um presente "moderno". A China moderna que vemos hoje é uma mistura complexa de influências e costumes sociais nativos com influências externas que chegam frequentemente, mas nem sempre, do Ocidente. A sociedade não mudou da noite para o dia em 1912 com a abdicação do último imperador, ou em 1949 com a revolução comunista, mas tampouco a China moderna de hoje é essencialmente a mesma de quando os imperadores estavam no trono cerca de cem ou duzentos anos atrás. Terceiro, a nossa compreensão de como a China moderna desenvolveu-se não deve provir apenas do acompanhamento da política de suas elites, dos líderes e de seus conflitos. Em vez disso, devemos atentar tanto para as continuidades quanto para as mudanças no modo como os chineses chegaram à modernidade e para o impacto da mudança sobre a sociedade e a cultura em geral.

O que significa ser chinês?

Há um século, e ainda hoje em dia, continua em aberto uma pergunta importante: o que *é* a China moderna? Para chegar a uma resposta, precisamos gastar um pouco de tempo investigando os dois termos – *China* e *moderna*.

A China de hoje refere-se em geral à República Popular da China, o Estado que foi estabelecido em 1949 depois da vitória do partido comunista chinês sob a liderança do presidente Mao Zedong. Esse Estado abrange essencialmente o mesmo território do império chinês sob a última dinastia imperial, a dinastia Qing (1644-1911), que estendeu o seu domínio para oeste e norte além das terras que as dinastias anteriores tinham controlado. (O Estado moderno, porém, tem um domínio firme sobre o Tibete, não reivindica a Mongólia Exterior ou as terras do nordeste tomadas pela Rússia czarista e, na prática, não controla Taiwan.) Todavia, essa continuidade da geografia esconde a realidade de que a China mudou de forma ao longo dos séculos e continua a mudar mesmo no presente. Há cerca de 2.500 anos, havia um grupo de Estados independentes em conflito nas terras centrais do que agora chamamos de "China"; a literatura e a história desse período são reconhecivelmente chinesas, podendo ser lidas por aqueles que se dão ao trabalho de aprender a forma clássica da língua. Desde 221 a.C., sucessivos imperadores e dinastias uniram esses Estados, gerando uma sequência de dinastias que criaram a civilização clássica da China, entre as quais a dinastia Han, a dinastia Tang, a dinastia Song, a dinastia Yuan, a dinastia Ming e a dinastia Qing. Elas criaram uma civilização em que a arte, a literatura, a política, a medicina e a tecnologia prosperavam.

Contudo, o termo "China", ou o termo *Zhonggwo* ("reino do meio", a palavra chinesa corrente para "China"), não era o que os povos daquelas eras teriam pensado de si mesmos. A ideia de ser "chinês", no sentido em que a entendemos, como uma identidade nacional e étnica, é um produto do século XIX (assim como o termo *Zhonggwo*). Porém, esses povos claramente partilhavam uma noção sobre o que poderíamos chamar de "caráter chinês" – noção essa que durou mais que a ascensão e a queda das dinastias. O que formava essa identidade? A maioria dos povos identificava-se com a própria dinastia regente, como "o povo dos Ming" ou "o povo dos Qing". Mas o que havia por trás desses nomes? Como uma pessoa se qualificava para ser alguém "dos Ming"?

Ao longo dos séculos, uma variedade de atributos partilhados tem unificado as comunidades que conhecemos como "os chineses". Desde cedo, a sociedade chinesa foi sedentária e agrícola, em contraste com sociedades nômades como os manchus, os mongóis e os jurchens, com as quais entrava periodicamente em contato. Algumas características dessa sociedade, como a irrigação, têm sido igualmente proeminentes durante toda a história chinesa. O tamanho da população chinesa sempre eclipsou os seus vizinhos, e essa população tem aumentado com o crescimento territorial ao longo dos séculos. Na China de muito tempo atrás, a terra foi ocupada por uma variedade de povos, mas desde 221 a.C., após a unificação da dinastia Qing, o domínio permaneceu com um povo que reconhecemos como chinês (geralmente chamado "chinês han" em referência à dinastia seguinte).

Mas por que os *chineses* se consideram chineses? De modo geral, a identidade partilhada provinha de rituais partilhados. Por mais de 2.000 anos, um conjunto de pressupostos sociais e políticos, que têm suas origens nas ideias de Confúcio, um pensador do século VI a.C., modelou a política e o comportamento cotidiano dos chineses. Adotando essas normas, o povo de qualquer agrupamento podia tornar-se "o povo da dinastia", isto é, chinês.

O confucionismo é às vezes considerado uma religião, mas na verdade constitui um sistema ético ou um sistema de normas. Por sua total penetração *e* por sua flexibilidade e adaptabilidade às circunstâncias, é um tanto análogo ao papel das normas judaico-cristãs nas sociedades ocidentais, onde mesmo aqueles que questionam ou rejeitam essas normas ainda se descobrem modelados por elas, conscientemente ou não.

O confucionismo baseia-se nas ideias de obrigação mútua, manutenção das hierarquias, crença no autodesenvolvimento, na educação e no aperfeiçoamento e, acima de tudo, em uma sociedade ordenada. Tem horror à violência e tende a menosprezar o lucro, embora não se oponha inteiramente a ele. O ideal máximo era tornar-se suficientemente sensato para atingir o status de "sábio" (*sheng*), mas devia-se ao menos fazer o esforço de se tornar um *junzi*, termo comumente traduzido como "cavalheiro", porém talvez mais bem compreendido como significando "uma pessoa íntegra". Confúcio se referia à dinastia Zhou, uma suposta "época de ouro" que já era passado remoto mesmo durante seu período de vida e que estabeleceu um padrão desejável (mas talvez inatingível) para os dias atuais.

As opiniões de Confúcio não pereceram: ele viveu durante o período dos Reinos Combatentes, uma era violenta cujos valores o amedrontavam e que alimentava a sua preocupação com a ordem e a estabilidade. Tampouco foi o único pensador a moldar a China antiga: ao contrário de Confúcio e Mêncio, que acreditavam na bondade essencial da natureza dos seres humanos, Xunzi acreditava que estes eram essencialmente maus; Han Feizi ia ainda além, argumentando que só um sistema de leis severas e punições duras, em lugar de códigos éticos, poderia impedir as pessoas de fazer o mal. Esse período, o século V a.C., foi um tempo de crise profunda no território que hoje conhecemos como China, mas ironicamente gerou uma excelência sem paralelo na atmosfera cultural e intelectual dessa época, tal como a crise da Grécia do século V gerou uma expansão extraordinária do drama e da filosofia. Ainda assim, apesar do fermento intelectual da época, foi o pensamento de Confúcio que se tornou predominante na política chinesa, embora suas ideias tenham sido adaptadas – muitas vezes a ponto de não serem reconhecidas – pelos estadistas e pensadores que recorreram a seus escritos ao longo dos séculos. No entanto, durante todo esse período persistiram as pressuposições tiradas do confucionismo.

A China pré-moderna tinha uma ideia clara da diferença entre ela própria e outros agrupamentos, principalmente porque eram frequentes os ataques dos inimigos e as investidas

2. Uma chinesa rica no início do século XX, com roupas caras e pés enfaixados.

contra eles. Durante duas das maiores dinastias da China, a Yuan e a Qing, o país foi governado por não chineses étnicos (os mongóis e os manchus, respectivamente). Entretanto, a resiliência notável do sistema chinês na arte de governar implicava que esses ocupantes logo se adaptassem às normas chinesas de governança, algo que distinguiu esses invasores dos imperialistas ocidentais, que não fizeram nada disso. A assimilação não era total. A aristocracia Qing manteve um sistema complexo de identidade da elite manchu durante os seus séculos de poder: os manchus eram organizados em "estandartes" (agrupamentos baseados no seu passado militar nômade), e as mulheres manchus não enfaixavam os pés. Porém, os rituais e as pressuposições da ética e das normas confucianas ainda impregnavam toda a sociedade: no fundo, a China Qing era uma sociedade chinesa, e não manchu.

O século XIX assistiu a uma profunda mudança na autopercepção da China. Durante séculos, o império fora chamado *tianxia*, literal e poeticamente traduzido como "tudo sob o céu". Isso não significava que a China pré-moderna não reconhecesse que havia terras ou povos que não eram seus – algo que com certeza admitiam –, mas que o império continha todos os que importavam, e a sua fronteira era flexível, embora não infinitamente elástica. (O Tratado de Nerchinsk, assinado em 1689, traçou a fronteira que ainda hoje existe entre a China e a Rússia; sem dúvida, à China Qing não faltava um senso de territorialidade.)

Contudo, a chegada do imperialismo ocidental forçou a China, pela primeira vez, a pensar em si mesma como parte de um *sistema* internacional. A chegada do pensamento político europeu trouxe-lhe a ideia do Estado-nação, e muitos chineses vieram a aceitar o fato de que a China antiga não existia mais, e que a nova China precisava afirmar o seu lugar na hierarquia das nações. Essa luta ainda persiste hoje em dia.

Entretanto, a República Popular moderna não contém toda a China, ou os mundos da China, dentro de si. Taiwan oferece uma visão alternativa, viva e democrática do que é a "cultura chinesa"; o mesmo se pode dizer de Hong Kong.

Também há os chineses da diáspora: os "chineses de ultramar" – que modelam sociedades como a de Cingapura – cujas comunidades são encontradas em quase todos os continentes habitados.

A China é um continente, e não somente um país. É uma série de identidades, algumas partilhadas, algumas diferenciadas e algumas contraditórias: moderna, confuciana, autoritária, democrática, livre e reprimida. Acima de tudo, a China é um substantivo plural.

O que significa "moderno"?

Muitas vezes, "moderno" é usado como forma abreviada de "recente" – assim, um estudo da China "moderna" se referiria à sua história durante aproximadamente o último século. Este livro, porém, usará uma definição mais específica de "moderno", porque dessa maneira pode chegar ao núcleo de algumas das maiores questões que continuam a desafiar a China de hoje – as questões acerca de que tipo de sociedade e cultura ela é e deseja tornar-se.

Há certas maneiras de *não* pensar sobre a China "moderna". Ao tentar definir a maneira como ela mudou desde o século XIX, é possível cair numa de duas explicações exageradamente amplas.

A primeira explicação era mais comum há uma geração, quando Mao estava no poder e a China parecia ter mudado cabalmente o seu sistema social e político. Esse argumento seguia a retórica do Partido Comunista Chinês (PCC) a respeito de uma "nova China" (embora, como mostram as aspas no início deste capítulo, esse não fosse o primeiro nem o último emprego do termo "nova China"): a de que a China antiga, "feudal", "tradicional" e "semicolonial", um mundo de cruéis hierarquias sociais, enfaixe dos pés, tortura e pobreza, tinha sido finalmente abandonada por uma China mais igualitária, industrial e justa.

A segunda explicação, comum no início do século XX, mas banida por algum tempo depois de 1949, tornou-se de novo lugar-comum hoje em dia. Esse argumento é o de que a China essencialmente não mudou. Mesmo figuras como Mao e Deng Xiaoping (o líder reformista da década de 1980), apesar de sua capa de ideologia comunista e política de mobilização das massas, foram essencialmente "imperadores" que retomaram um comportamento já considerado extinto. No campo atual, as superstições, as religiões (como a seita Falun Gong, proibida pelo partido) e as hierarquias tradicionais reinam supremas, assim como dominaram por centenas de anos. De modo geral, a China continua a ser uma sociedade hierárquica, confuciana, com um rótulo ostensivamente comunista na testa.

Essas visões são errôneas. A China é uma sociedade profundamente moderna; porém, a forma como a sua modernidade tem se manifestado é indelevelmente modelada pelo legado de seu passado pré-moderno (um termo preferível a "tradicional"). Não que o passado pré-moderno tivesse sido monolítico ou estático: a China mudou incomensuravelmente ao longo de centenas de anos, desenvolvendo uma burocracia, uma ciência e uma tecnologia (a invenção da pólvora, dos relógios e da bússola), uma economia altamente comercializada (mais ou menos do ano 1000 em diante) e uma cultura religiosa sincrética.

A similaridade de muitos desenvolvimentos na Europa e na China no período de 1000 até cerca de 1800 não deve ocultar, contudo, o fato de que a China imperial e a Europa no início da era moderna também *diferiam* amplamente em suas concepções e mentalidade. O desenvolvimento da modernidade no mundo ocidental era sustentado por um conjunto de asserções, muitas das quais ainda são poderosas hoje em dia, sobre a organização da sociedade. Bastante central era a ideia de "progresso" como a força impulsora nos assuntos humanos. Filósofos como Descartes e Hegel atribuíam à modernidade uma racionalidade e teleologia, uma narrativa abrangente, sugerindo que o mundo estava movendo-se em uma determinada direção – e que essa direção era, como um todo, positiva. Havia vários propulsores do progresso. Um deles era a ideia de que a mudança dinâmica constituía algo bom em si mesmo: nas sociedades pré-modernas, a força da mudança era geralmente temida como destrutiva, mas a mentalidade moderna a saudava. Em particular, a aceitação entusiasmada do progresso pelo crescimento econômico, e mais tarde pelo crescimento industrial, tornou-se a questão-chave para o desenvolvimento de uma sociedade moderna. Especialmente na formulação do Iluminismo do século XVIII, a ideia de racionalidade, a capacidade de fazer escolhas e tomar decisões de um modo científico previsível, tornou-se também crucial para a ordenação de uma sociedade moderna.

A modernidade alterou igualmente a maneira como os membros da sociedade consideravam a si mesmos. A sociedade era secularizada: a modernidade não era necessariamente hostil à religião, mas a religião ficava confinada em um espaço definido dentro da sociedade, em vez de penetrá-la por inteiro. O eu individual, capaz de raciocinar, estava então no centro do mundo moderno. Ao mesmo tempo, os laços tradicionais que o eu tinha com a comunidade mais extensa estavam rompidos; as sociedades modernas não suportavam as antigas hierarquias feudais de status e servidão, mas antes as destruíam em favor da igualdade ou, em todo caso, de um modelo não hierárquico de sociedade.

Acima de tudo, as sociedades são modernas em grande parte porque se veem dessa maneira: a autoconsciência (esclarecimento) é central para a modernidade e as identidades que dela emergem, como o caráter de nação. Isso tem levado o Ocidente, em particular, a traçar uma distinção demasiado forte entre os seus próprios valores "modernos" e os das outras regiões do mundo. A China, por exemplo, manifestou ao longo de milhares de anos muitas características que partilhavam pressuposições de modernidade, bem antes que o Ocidente tivesse ali um impacto significativo. A China empregava um sistema de exames para o ingresso na burocracia desde o século X, um modo claramente racional e ordenado de tentar escolher uma elite de poder, em uma época na qual os decretos religiosos e a força bruta estavam realizando a mesma tarefa em grande parte da Europa. Ao mesmo tempo, a China começou a desenvolver um economia comercial integrada e poderosa, com as safras comerciais substituindo a agricultura de subsistência. É evidente que muitos aspectos da "modernidade" eram visíveis mais cedo e com mais clareza na China do que na Europa.

Entre os elementos mais poderosos do pensamento moderno na Europa, estava a capacidade de sustentar a ideia de que sua própria gênese e construção eram profundamente diferentes daquelas vistas em outras sociedades. Em parte, isso se devia a um desejo de criar uma forte distinção entre a política europeia ocidental e a das outras sociedades, em especial no século XIX, quando a ideologia imperialista ganhou relevância. Contudo, de muitas maneiras, os atributos da modernidade – particularmente a autoconsciência e seu senso associado de anti-hierarquia – eram retirados de uma tradição religiosa preexistente, na qual o nascimento e o renascimento tinham importância crucial. Embora o cristianismo fosse claramente uma fonte desse conceito (tendo fornecido o alicerce cultural para a teleologia do progresso subjacente à modernidade clássica), as ideias de esclarecimento e de autoconsciência surgiram muito mais cedo como parte do pensamento budista e, em séculos posteriores, foram desenvolvidas em outro caminho definido pelo islã. As compreensões mais fortemente eurocêntricas da modernidade têm considerado difícil reconhecer os cruzamentos culturais de suas raízes, porém eles existem.

Mesmo assim, antes da metade do século XIX, a China não partilhava certas pressuposições-chave das elites emergentes da Europa nos séculos XVI a XIX. Durante esse período, ela não desenvolveu movimentos políticos poderosos que acreditassem em achatar as hierarquias: no mundo confuciano, "todos os homens dentro dos quatro mares" poderiam ser "irmãos", mas "todos os homens" não eram iguais. Os pensadores chineses não enfatizavam o eu individual como um bem positivo em contraste com o coletivo, embora houvesse uma ideia clara de desenvolvimento pessoal para tornar-se um "cavalheiro" ou um "sábio". De modo geral, a China tampouco fez da ideia de uma teleologia do progresso um elemento central para a maneira como via o mundo: a história era uma tentativa de recapturar a era de ouro perdida da dinastia Zhou e o jeito de ser dos antigos; em vez de elogiar a inovação e a mudança dinâmica por si mesmas, a China pré-moderna desenvolveu uma tecnologia e uma política altamente sofisticadas, enfatizando ao mesmo tempo a importância do passado e da ordem. Quanto ao crescimento econômico, embora seja demasiado forte dizer que o pensamento confuciano desaprovava por completo o comércio (as dinastias Ming e Qing viram o Estado acomodar-se confortavelmente com a ideia do comércio), o conceito do crescimento econômico como um bem em si mesmo não era tão central para a mentalidade chinesa pré-moderna quanto para o tipo de modernidade que surgiu na Europa.

Essas pressuposições marcam uma profunda diferença da experiência da China na era contemporânea. Desde o início do século XX, os governos e os pensadores da elite chinesa têm aceitado a maioria dos princípios da modernidade, mesmo opondo-se com veemência ao imperialismo ocidental e japonês que forçou a entrada dessas ideias no país. Como veremos (Capítulos 2 e 3), os governos nacionalista e comunista, que a dominaram no século XX, declararam que a China estava progredindo para o futuro; que era necessária uma cultura nova e dinâmica para conduzi-la até lá; que as hierarquias precisavam ser rompidas, e não preservadas; que, embora a ordem fosse importante, o crescimento econômico era a única maneira de torná-la rica e forte. Era visível que os líderes chineses eram ainda mais ardentes e inflexivelmente modernos em suas pressuposições que muitos de seus contemporâneos na Índia ou no Japão no início do século XX: como sugere o Capítulo 3, o "Movimento Quatro de Maio" da década de 10 estava muito mais disposto a rejeitar completamente o passado confuciano da China do que figuras na Índia, como Gandhi, mostravam-se inclinadas a rejeitar o passado daquela sociedade.

No entanto, há um elemento quimérico na busca da modernidade. A modernidade está sempre mudando, e as concepções chinesas a seu respeito também mudam: a modernidade dos adeptos do "movimento de autofortalecimento", que procuravam adaptar a tecnologia ocidental nos últimos anos da dinastia Qing, não é a mesma dos radicais que declararam uma "nova cultura" na década de 10, nem dos nacionalistas e comunistas cujo objetivo principal era descobrir uma identidade estável e moderna para o Estado e o povo chinês. Mesmo nos dias atuais, a questão a respeito de como seria uma China moderna está sempre mudando. Ao mesmo tempo, a força recém-descoberta da China significa que ela está mais do que nunca em uma excelente posição para projetar aspectos de seu próprio modelo de modernidade na definição global mais ampla do termo.

Com muito poucas exceções, todas as facções guerreiras que disputavam o futuro da China no século XX eram "modernas", não apenas no sentido de serem "recentes", mas em sua rejeição ou adaptação às normas confucianas do passado e em sua adoção de um novo conjunto de normas derivadas do exterior, porém adaptadas para tornar as palavras "chinês" e "moderno" compatíveis, em vez de termos que parecessem estar em oposição mútua. Embora violando a sua própria retórica em diversas ocasiões, os governantes da China no século XX – e no século XXI – têm procurado criar um Estado-nação com um corpo de cidadãos iguais e autoconscientes. Essa é uma meta profundamente moderna. O restante do livro vai procurar avaliar até que ponto conseguiram realizá-la.

Capítulo 2

A ANTIGA E A NOVA ORDEM

Uma caracterização típica do passado da China, apresentada com frequência pelos modernizadores chineses no século XX, é que a China imperial tardia era uma mixórdia "feudal" e corrupta, refreada pelo pensamento confuciano conservador e imutável. Todavia, o Estado chinês imperial, embora escorado pelas ideias de ordem e hierarquia, era também impulsionado por um senso de obrigação mútua entre diferentes grupos da sociedade e deu origem a uma cultura social e política altamente dinâmica e em mudança constante, apesar de essa já ter desmoronado em muitos aspectos importantes no início do século XX.

Entretanto, a influência política ocidental mudou profundamente a China no final do século XIX na esteira das Guerras do Ópio, quando conceitos como nacionalismo e darwinismo social tornaram-se bastante influentes para uma geração de chineses que sentiam a vulnerabilidade de seu país em relação ao mundo exterior. O Japão também se tornou um conduto para importar os novos modos modernos de pensamento. Em 1868, começou a revolução conhecida como a Restauração Meiji, que em apenas algumas décadas fez o Japão passar de um Estado feudal regido por uma aristocracia guerreira para um império industrial e modernizante. Entre esses conceitos políticos modernos, que energizaram o debate nos últimos dias da dinastia Qing, estavam as ideias de constituição, governo parlamentar, cidadania em lugar de vassalagem e reorientação da China para ingressar em um sistema internacional de Estados-nações. Apesar de a própria dinastia ter caído, esses conceitos modelariam toda a discussão política no século XX, sendo na verdade profundamente importantes hoje em dia.

O início do século XX foi uma época de grande desgraça política na China, mas também abriu novos panoramas antes não imaginados para gerações de chineses em todos os níveis da sociedade: moças de origens rurais que se tornaram operárias nas fábricas, agricultores que se tornaram ativistas comunistas e estudantes de classe média que aprenderam sobre o Japão, a Europa e a América em primeira mão. O sistema imperial desmoronou na Revolução de 1911, e foi estabelecida uma nova república. A atmosfera política da época permitia debates ferozes sobre nacionalismo, socialismo e feminismo, entre outras ideias, embora as influências e os preconceitos confucianos ainda continuassem a modelar a vida cotidiana. Contudo, a guerra civil e o domínio das potências imperialistas na China impediram a política participativa de se consolidar, mesmo depois da Expedição do Norte de 1926-1928, que levou os nacionalistas ao poder sob Chiang Kaishek, o sucessor do veterano líder nacionalista Sun Yatsen. Este capítulo descreve o primeiro estágio dessa longa jornada rumo a uma política de massas moderna.

A era de ouro

A guerra civil inglesa e as revoluções americana e francesa tiveram uma profunda influência sobre a relação entre os governos ocidentais e seus povos. A modernidade desses sistemas reside em certas pressuposições, tais como: o governo deve ser o representante do povo; o povo tem direitos inerentes à escolha e às políticas de seu governo; o governo deve agir racionalmente e para o maior benefício de todos; a cidadania, a condição de ser membro de um corpo nacional, deve ser concedida com base na igualdade, e não designada por uma hierarquia derivada de qualquer fonte irracional, arbitrária ou sobrenatural.

Supõe-se com frequência que sociedades não europeias como a China partilhavam um pequeno número dessas pressuposições, se é que partilhavam alguma. Certamente, algumas iam contra as pressuposições de Confúcio; porém, como veremos, a questão de como o povo poderia ser governado com justiça era crucial para muitas discussões políticas chinesas. Centrais para as pressuposições dos imperadores e seus funcionários eram as ideias confucianas sobre a formação do Estado. Nessas ideias, a hierarquia não apenas estava presente, como também era essencial: o corpo político era considerado uma extensão metafórica da família; assim como os filhos devem obedecer aos pais e as esposas devem obedecer aos maridos, os súditos devem obedecer a seus governantes. O povo não tinha direitos inerentes como indivíduos nem como um corpo coletivo.

No entanto, seria errado pensar que isso tornava a governança chinesa arbitrária, irracional ou despótica. Um bom governante no mundo confuciano não tinha a liberdade de fazer simplesmente o que lhe agradasse. O povo estava a seus cuidados, e um comportamento cruel ou injusto em relação ao povo resultaria na sua perda do "mandato do céu". Confúcio e os filósofos que seguiram sua tradição, como Mêncio, enfatizavam que cuidar do bem-estar do povo era uma tarefa primordial para qualquer governante. As grandes dinastias da China imperial davam certamente atenção a questões do bem-estar; por exemplo, aliviar impostos em áreas onde a enchente havia destruído a safra e às vezes tentar (sem muito sucesso) manter "celeiros sempre cheios", que guardariam reservas de alimentos para distribuição nos tempos de escassez. O governo preocupava-se primeiramente com a manutenção da ordem, mas, ao fazê-lo, era evidente que o povo precisava sentir que as leis eram aplicadas com justiça e equidade. Em épocas de tumulto, o sistema tornava-se corrupto e disfuncional, porém durante seus períodos de confiança e prosperidade, como o século XVIII, o sistema foi um dos impérios mais bem-sucedidos do mundo.

Chen Hongmou (1696-1771) foi um dos mais proeminentes administradores e pensadores políticos da Alta Dinastia Qing, o período durante o século XVIII em que a China parecia pacífica e próspera, um modelo exemplar de um império bem-administrado que cuidava do bem de seu povo. As pressuposições e as contradições nos escritos de Chen mostram claramente como o princípio confuciano e as realidades da governança criaram um estilo de governo efetivo, embora nem sempre coerente (e, nessas contradições, não há nenhuma grande diferença dos compromissos dos governos ocidentais). Simultaneamente, Chen e seus contemporâneos na burocracia Qing mostravam um compromisso com o patriarcado chinês tradicional, mas Chen também declarava que o "bem divino" [*tianliang*] estava em todo o povo, mesmo nos "comuns insignificantes", nos humildes "funcionários yamen" [cargo de magistrado local] e até naqueles que não eram etnicamente chineses han. Chen e seus contemporâneos também estabeleceram políticas que encorajavam a mobilidade social e a educação popular (inclusive a alfabetização para as mulheres), bem como empreendimentos mercantis: nenhuma dessas últimas medidas é popularmente associada ao pensamento "confuciano", mas Chen as defendia sem nenhuma intenção de violar as normas necessárias a uma sociedade decente e bem-ordenada.

Wei Yuan (1794-1856), um dos pensadores mais famosos da era Qing tardia, pensou amplamente sobre a natureza da participação política. Ele era um legalista Qing, mas argumentava com ênfase que a dinastia precisava reformar sua administração se quisesse enfrentar a ameaça estrangeira. Embora nunca chegasse perto de advogar que a população comum da China devia tomar parte em sua própria governança, ele escreveu extensamente sobre o perigo da esterilidade política que poderia advir de restringir tanto o número quanto o alcance da argumentação daqueles que estavam no poder: "Não há uma única doutrina que seja absolutamente correta, e tampouco uma única pessoa que seja absolutamente boa". Wei defendia uma competição nas ideias que tornaria o governante capaz de escolher entre ideias concorrentes e em 1826 deu a sua própria contribuição para essa discussão publicando os "Ensaios Coligidos sobre a Arte de Governar". Contudo, não queria ampliar a participação política a ponto de reduzir o papel do Estado, mas sim reforçá-lo.

O novo mundo

Se o século XVIII foi de grande sucesso para a China, o século XIX viu a dinastia Qing desintegrar-se sob uma série de crises internas e externas. O gatilho mais óbvio que desencadeou o colapso foi a chegada das potências imperiais ocidentais exigindo que a China se abrisse para suas demandas comerciais. No entanto, só o impacto ocidental não era o suficiente para derrubar a dinastia Qing. As graves tensões e dificuldades internas manifestavam-se nos efeitos aparentemente isolados do imperialismo ocidental, sendo que os dois conjuntos de crises alimentavam-se mutuamente.

A rápida expansão do tamanho do império Qing havia gerado problemas internos, porque a burocracia não cresceu para estar à altura de suas novas responsabilidades. A arrecadação dos impostos tornou-se mais difícil e cada vez mais corrupta. Entre 1600 e 1800, o tamanho da população dobrou para uns 350 milhões; o número de pessoas pobres e insatisfeitas também cresceu. Independentemente da intrusão ocidental na China, é possível ver no final da dinastia Qing os sinais da expansão excessiva do império que acabara condenando as dinastias anteriores da China.

Apesar disso, a chegada do imperialismo europeu teve efeitos que simplesmente não haviam sido relevantes para as dinastias anteriores. O desenvolvimento da Companhia das Índias Orientais pelos britânicos fez com que grandes quantidades de ópio produzido em Bengala precisassem de um mercado. Depois de algum debate, o governo chinês proibiu a venda de ópio na China, alarmado com a sua popularidade e poder de adição. O governo britânico, então preocupado com o império na Ásia, tomou a proibição (e a destruição do ópio pertencente aos britânicos no porto de Cantão) como uma provocação. A primeira Guerra do Ópio, de 1839 a 1842, viu o governo Qing ser derrotado, e forçado a conceder o que seria um caso dentre uma longa lista de tratados com estrangeiros assinados sob coação, lembrados por gerações de chineses como "desiguais". Entre a metade do século XIX e a metade do século XX, em nenhum momento os governos chineses tiveram inteiro controle de seu próprio território. De acordo com o tratado, os estrangeiros tinham "extraterritorialidade" (isto é, não estavam sujeitos à lei chinesa); foi estabelecida uma série de "portos regidos por tratado", nos quais os estrangeiros detinham novos direitos comerciais (e alguns lugares, como Hong Kong, foram plenamente colonizados); novas e tumultuosas influências, especialmente os missionários cristãos, tiveram de ser permitidas no território chinês pela primeira vez. Os governantes Qing, de modo geral, permaneceram hostis à presença estrangeira na China, tentando minimizá-la tanto quanto lhes permitia seu fragilizado status. A própria população mostrava pouco entusiasmo pela chegada de estrangeiros em seu meio, quer estivessem trazendo armas de fogo, quer trouxessem bíblias.

A presença estrangeira teve muitos resultados inesperados. Um dos mais notáveis foi a Rebelião Taiping de 1851-1864. Influenciado pelos missionários, um delirante e fracassado candidato do exame de admissão ao exército imperial, chamado Hong Xiuquan, de Guangdong, anunciou ser o irmão mais moço de Jesus, que tinha vindo para liderar uma missão cristã que acabaria com o governo dos "diabos" manchus da dinastia Qing. Recrutando no sul empobrecido da China a sua Sociedade dos Adoradores de Deus, ele atraiu rapidamente dezenas de milhares de seguidores. Hong declarou que estava fundando o *Taiping Tianguo* (o Estado Celestial da Grande Paz), e seu exército assolou a China. No início da década de 1860, o Taiping era efetivamente um Estado separado dentro do território Qing, com capital em Nanjing, dominando grande parte do núcleo cultural da China. O regime era ostensivamente cristão, mas a sua interpretação exigia o reconhecimento do status semidivino de Hong, e o governo Taiping era duro e coercivo. Entretanto, o regime conseguiu a proeza extraordinária de conquistar uma imensa área da China central durante quase oito anos, inclusive a cidade principal de Nanjing. Por algum tempo, parecia que os *taipings* poderiam causar o desmoronamento da dinastia Qing. Karl Marx certamente esperava esse desenlace, e outros choques subsequentes mais adiante, quando escreveu em um jornal de Nova York, em 1853: "A revolução chinesa lançará a centelha no manancial sobrecarregado do presente sistema industrial e causará a explosão da crise geral há muito tempo preparada". Por fim, a reciclagem dos exércitos locais por generais leais como Zeng Guofan, bem como as tensões internas do próprio movimento Taiping, acabaram com a rebelião, embora não antes de inúmeras pessoas terem morrido no que foi talvez a guerra civil mais sangrenta da história: os relatos contemporâneos sugerem que 100.000 pessoas morreram só na batalha final de Nanjing.

As décadas seguintes viram a dinastia Qing fazer esforços para reformar suas práticas, e o movimento de "autofortalecimento" da década de 1860 abrangeu tentativas notáveis de produzir armamentos e tecnologia militar segundo as linhas ocidentais. Contudo, as incursões imperialistas continuaram, e as tentativas de "autofortalecimento" sofreram um golpe brutal durante a Guerra Sino-Japonesa de 1894-1895. Travada entre a China e o Japão (o último era então uma potência imperialista novata agindo por sua própria conta e risco) pelo controle da Coreia, a guerra terminou com a destruição humilhante da nova marinha Qing e não só a perda da influência chinesa na Coreia, mas também com a cessão de Taiwan ao Japão como sua primeira colônia formal.

A maioria dos livros de história geral, principalmente aqueles escritos na própria China, têm demonstrado uma grande indiferença em relação às últimas décadas do governo Qing, considerando-as o período em que foi por fim derrubada uma dinastia corrupta que recusava se adaptar a um mundo novo e hostil. Durante anos, os historiadores chineses marxistas viram o período como "feudal" e argumentaram que sua derrubada montou o palco para uma nova era "moderna", que acabaria por introduzir o governo do PCC. Porém, agora está claro que foram dados passos significativos rumo à modernidade na dinastia Qing tardia.

Uma das razões para isso foi a existência de um poderoso exemplo asiático de como a reforma poderia ser realizada: o Japão. O país-ilha no outro lado do mar permaneceria nas mentes chinesas durante um século como uma ameaça perigosa e um mentor moderno, assim como avulta imenso nas mentes chinesas contemporâneas. Os acontecimentos que inspiraram e interessaram os chineses ocorreram depois da Restauração Meiji de 1868. Um grupo de aristocratas japoneses, preocupados com os abusos estrangeiros cada vez maiores no Japão, derrubaram o centenário sistema do shogunato, em que o shogun atuava como regente para o imperador. Em seu lugar, eles "reinstalaram" o imperador no trono sob um novo título régio, "Meiji" ("governo brilhante"), e governaram em seu nome. Esses aristocratas determinaram rapidamente que a única maneira de proteger o Japão era adotar um programa completo de modernização. Demonstravam ter muito pouco da ambiguidade que os conservadores na corte Qing haviam criado. Em rápida sucessão, o Japão substituiu os guerreiros samurais da sua cultura de elite por um exército de cidadãos recrutados; o país recebeu uma constituição que o estabelecia como um Estado-nação; instaurou-se um sistema parlamentar, embora com direito de voto altamente limitado e exclusivo para os homens. A modernização não significava, porém, o abandono do passado do Japão; o shintoísmo, religião popular e tradicional, foi reconstituída como shintoísmo do Estado, uma religião mais formalizada que daria sustentação espiritual à nação. O Japão Meiji também interveio pesadamente na economia. Os resultados foram claros. Na primeira década do século XX, o Japão tinha 528 navios mercantes, quase 65.000 quilômetros de ferrovias e mais de 5 milhões de toneladas de carvão extraídas por ano. Essas mudanças estonteantemente rápidas em um país que os chineses sempre tinham considerado um "irmão pequeno" deram aos reformadores chineses muito o que pensar.

Uma das mais audaciosas propostas de reforma, que lançava mão do modelo japonês, foi o programa apresentado em 1898 pelos reformadores que incluíam o pensador político Kang Youwei (1858-1927). Kang era movido pela convicção de que a visão anterior de modernidade chinesa, baseada no "autofortalecimento", havia fracassado por não ter sido suficientemente abrangente em seus objetivos. Ele ilustrava para o imperador a necessidade de reformas mais amplas, propondo dois estudos de caso contrastantes: o Japão, que havia se reformado com sucesso, e a Polônia, um Estado que havia fracassado de forma tão cabal que desaparecera do mapa, dividido pelos poderosos vizinhos em 1795. Os reformadores não foram apenas conduzidos ao topo da sociedade. Entre os fenômenos que surgiram nesse período de mudança estão a maior participação das elites chinesas de nível inferior na demanda de direitos populares, um novo florescimento de jornais políticos e a fundação da Universidade de Peking, que continua a ser até hoje a instituição educacional de maior prestígio na China. Os reformadores também defendiam com energia mudanças no status das mulheres. Contudo, em setembro de 1898 as reformas foram abruptamente detidas, quando a imperatriz regente Cixi, temendo um golpe de Estado, manteve o imperador em prisão domiciliar e mandou executar vários dos principais defensores das mudanças.

Dois anos mais tarde, Cixi tomou uma decisão que ajudou a selar o destino da dinastia Qing. Em 1900, espalhavam-se pelo norte da China diversos rumores sobre possessão espiritual e poderes sobre-humanos exercidos por um grupo misterioso de camponeses rebeldes conhecidos como os "boxers". Diferentemente dos taipings, os boxers não se opunham à dinastia. Em vez disso, queriam expulsar as influências que, acreditavam, estavam destruindo a China a partir de dentro: os estrangeiros e os chineses convertidos ao cristianismo. No verão de 1900, a China foi convulsionada pelos ataques dos boxers àqueles grupos. Fatidicamente, a dinastia declarou em junho que apoiava os boxers, concedendo-lhes o novo rótulo de "pessoas honradas". Por fim, um exército estrangeiro multinacional entrou à força na China e derrotou o levante. As potências imperiais exigiram então uma compensação da dinastia Qing: a execução de oficiais envolvidos com os boxers, além de 450 milhões de taéis (US$ 333 milhões) a serem devolvidos ao longo de 39 anos. A Revolta dos Boxers marcou a última vez, antes da vitória de Mao, em que um governo chinês fez uma séria tentativa de expulsar os estrangeiros do território da China. Diferentemente de Mao meio século mais tarde, a dinastia Qing fracassou.

Esse fracasso, junto com o imenso ônus financeiro e a desgraça política que trouxe para a dinastia, provocou a tentativa mais sincera de modernização que a dinastia Qing ousou fazer: mais uma reinterpretação do que a modernidade significava em um contexto chinês. Em 1902, as reformas Xinzheng (a "nova governança") foram implementadas – essa era a "nova China" do livro de 1910, com que o primeiro capítulo começou. Foi um extraordinário e abrangente conjunto de mudanças na política e na sociedade chinesas. De muitas maneiras, essas mudanças ecoavam as reformas abortadas de 1898, apenas quatro anos antes, mas o período intermediário havia presenciado as tentativas e o fracasso definitivo da dinastia Qing em expulsar a influência estrangeira por meio do apoio dos boxers.

Esse conjunto de reformas, agora um tanto esquecido na China contemporânea, parece notavelmente progressista, mesmo em relação aos padrões atuais. De 1900 a 1910, foram propostas eleições em nível subprovincial, a serem realizadas de 1912 a 1914, com a promessa de uma futura assembleia nacional eleita. As eleições nunca aconteceram, por causa da revolução republicana de 1911, mas agora é possível olhar para trás e imaginar um mundo alternativo em que a China Qing se transformaria numa monarquia constitucional, como na verdade aconteceu com seu vizinho a sudoeste, o Sião (Tailândia), em 1932. O exemplo mais imediato era o Japão, e é digno de nota que muitas das reformas do período, como nas áreas de educação, tecnologia, policiais e militares, foram modeladas por chineses que haviam aprendido com o exemplo japonês.

As eleições eram limitadas (assim como a maior parte das eleições no Ocidente à época) aos homens (excluindo as mulheres) de propriedade e educação, mas a concessão desses direitos a um grupo mostrava até que ponto a sociedade havia mudado nos últimos anos da dinastia Qing. Figuras como Zhang Jian, que fundou fábricas em Nantong, uma pequena cidade perto de Shanghai, estavam tornando-se típicas de uma nova classe média comercial, e a dinastia estimulava ativamente a formação de organizações como as Câmaras de Comércio para articular os interesses desses grupos.

A mudança cultural mais significativa nas reformas aconteceu em 1905, com a abolição da tradição quase milenar dos exames sobre os clássicos confucianos para ingressar na burocracia chinesa. Quando foram implementados pela primeira vez, os padrões objetivos e racionais do exame de admissão haviam tornado o sistema muito mais impressionante do que qualquer coisa que o restante do mundo podia oferecer em matéria de decidir quem governaria; porém, no início do século XX, o sistema tornara-se inflexível, e o termo "ensaio de oito etapas", que se referia a uma forma padronizada de composição que os candidatos tinham de escrever, transformara-se em sinônimo de atraso e conservadorismo para muitos reformadores. Em 1905, a dinastia substituiu o sistema por exames alternativos sobre ciência e línguas.

Houve, portanto, reformas significativas durante o que veio a ser a última década do governo Qing. Ainda assim, a dinastia desmoronou, diferentemente do império japonês da época. Por que isso ocorreu, se a dinastia não era simplesmente uma casca corrupta, mas tinha um real potencial de reforma?

Primeiro, a crise econômica dos últimos anos do governo Qing foi real – e havia, em particular, um problema com a produtividade agrícola. Os historiadores atribuem as suas origens ao final do século XVIII, aludindo ao fato de as invasões estrangeiras terem exacerbado, mas não criado a própria crise. Além disso, a imposição de tarifas favoráveis para as potências estrangeiras significava que se tolhia a capacidade da China de produzir competitivamente em seu mercado doméstico ou para exportação. Apesar de argumentos posteriores de que o impacto do imperialismo realmente ajudou a China a se desenvolver, era evidente que os britânicos e os franceses não estavam investindo na China para ajudar a economia chinesa, mas sim para desenvolver suas economias imperiais. (O Japão, que renegociou com agilidade direitos de tratados que eram excessivamente favoráveis aos estrangeiros, viu sua economia, muito menor, crescer bem mais rápido durante o mesmo período.) Somado a isso, a dinastia Qing fez uma escolha particularmente insensata em 1900, quando apoiou a Revolta dos Boxers.

Após o fracasso dos boxers, a dinastia Qing foi forçada a pagar uma imensa indenização, um ônus financeiro que

3. Esta foto data da década de 30, mas desde a metade do século XIX a fome atacava a China, alimentando o descontentamento popular contra o governo.

provocou em parte o início das reformas Xinzheng. A receita pública proveniente da arrecadação de impostos continuou a ser precária e prejudicada pela corrupção maciça no final do governo Qing, apesar das reformas.

Segundo, desde a Rebelião Taiping, a autoridade na China tornara-se muito mais localizada e militarizada. O imenso aumento da população chinesa durante o governo da dinastia Qing tornara a administração da sociedade em geral cada vez mais difícil para a burocracia. A arrecadação dos impostos, base do funcionamento de qualquer sociedade, tornara-se insuficiente e corrupta: os funcionários locais acrescentavam "sobretaxas" que forravam seus bolsos, em vez de entrar para os cofres do Estado. A escassez de prata também provocou inflação, causando mais rebeliões por causa dos impostos.

As elites locais tinham sido fundamentais para formar os Novos Exércitos da década de 1860, que permitiram rechaçar a ameaça dos taipings e de outros rebeldes. Contudo, isso fez com que a influência do poder se afastasse do governo central e se dirigisse diretamente para as províncias.

Esse movimento seria uma das causas quando o império finalmente veio a ruir: fora preparado o terreno para que a China se dividisse em províncias hostis lideradas por senhores da guerra, cada um com sua milícia local, algo que teria sido mais difícil de imaginar em 1800.

Em última análise, talvez tenham sido as próprias reformas que condenaram a dinastia. Em geral, os impérios desmoronam quando tentam se reformar e desencadeiam um fórum para vozes que são hostis aos que detêm a autoridade. Foi em 1989, durante a era mais liberal do governo comunista, e não em 1969, no auge da Revolução Cultural, que os que protestavam contra o governo encheram a Praça Tian'anmen exigindo a renúncia dos líderes. Foi sob o liberal Gorbatchov, e não sob o brutal Stálin, que a União Soviética finalmente desmoronou.

A abolição dos exames de admissão, por exemplo, criou um enorme número de elites locais insatisfeitas. Durante séculos, os homens passavam anos a fio aprendendo os clássicos confucianos na esperança de poderem satisfazer o nível cada vez mais exigente dos exames que lhes permitiriam ascender a um status local e até mesmo nacional na burocracia. Milhares de jovens (e nem tão jovens) prestavam esses exames, mas muito poucos passavam. Então, o governo aboliu a sua *raison d'être* de uma só vez. De 1898 em diante, com o fim repentino de uma série promissora de reformas, muitas das elites da China já não confiavam na dinastia Qing para reformar o país com sucesso. As reformas Xinzheng não foram insuficientes e tardias demais, mas talvez tenham sido excessivas e tardias demais.

Entre as figuras devotadas a destruir em vez de reformar o governo da dinastia estava o revolucionário cantonês Sun Yatsen (1866-1925). Sun e sua Liga Revolucionária fizeram múltiplas tentativas para solapar o governo Qing no final do século XIX, angariando patrocínio e apoio de uma ampla combinação de chineses da diáspora, a nova classe média emergente, e sociedades secretas tradicionais. Na prática, suas próprias tentativas de acabar com o governo Qing não tiveram sucesso, mas sua reputação como uma figura devotada a uma república moderna granjeou-lhe alto prestígio entre a elite da classe média emergente na China. Como veio a se revelar, porém, seu capital era menos elevado entre os líderes militares que teriam o destino da China nas mãos durante grande parte do início do século XX.

O fim da dinastia chegou de repente e não teve nada a ver diretamente com Sun Yatsen. Em todo o sudoeste da China, o sentimento popular contra a dinastia fora alimentado por reportagens sobre os direitos da ferrovia na região estarem sendo vendidos por quase nada aos estrangeiros. Um levante local na cidade de Wuhan em outubro de 1911 foi logo descoberto, levando os rebeldes a assumir o comando da cidade e a declarar apressadamente a independência em relação à dinastia Qing. Em questão de dias, depois em semanas, a maioria das províncias chinesas fizeram o mesmo. As assembleias provinciais por toda a China declararam-se a favor de uma república, com Sun Yatsen (que nem estava no país naquela época) como o seu candidato a presidente. Yuan Shikai, o líder do mais poderoso exército chinês, foi para a corte Qing a fim de lhes informar que o jogo chegara ao fim: em 12 de fevereiro de 1912, o último imperador, o menino Puyi, de seis anos, abdicou.

A crise da república

Em 1912, foi declarada a República da China. Em 1949, Mao Zedong anunciou o estabelecimento da República Popular da China. Os 37 anos da República foram descartados pelos comunistas como um tempo de fracasso e promessas quebradas e, em geral, eles continuam a ser considerados uma época negra na história moderna da China. Certamente havia muito a condenar durante o período: pobreza, corrupção e fraqueza no âmbito internacional. Entretanto, como na Alemanha de Weimar, outro período de tumulto político, o caos realmente abriu espaço para que novas ideias e uma poderosa renascença cultural tivesse início. Em termos de liberdade de expressão e produção cultural, a República foi uma época muito mais rica do que qualquer era subsequente na história chinesa. Mesmo em termos políticos e econômicos (ver também Capítulo 5), o período exige uma séria reavaliação. Contudo, não se pode negar que as altas expectativas que os revolucionários tinham para sua república foram rapidamente frustradas.

Sun Yatsen havia retornado à China de sua viagem ao exterior quando irrompeu a Revolução de 1911 e serviu por pouco tempo como presidente, antes de ser obrigado a ceder o lugar para o líder militar Yuan Shikai. Em 1912, realizou-se a primeira eleição geral, e o Partido Nacionalista (em chinês, *Guomindang* ou *Kuomindang*), recém-fundado por Sun, emergiu como o maior partido. A democracia parlamentar não durou muito tempo. O virtual primeiro ministro, Song Jiaoren, foi assassinado na estação ferroviária de Shanghai, e pouco depois o próprio Partido Nacionalista foi proscrito por Yuan Shikai. Sun teve de fugir para o exílio no Japão e só retornou em 1917, após a morte de Yuan. Entretanto, esse acontecimento e a falta de representação parlamentar mostraram que não havia um líder unificador na China, e o país dividiu-se em regiões rivais governadas por líderes militares (os "senhores da guerra") de 1916 em diante. Quem quer que controlasse Beijing era reconhecido pela comunidade internacional como o governo oficial da China e tinha também direito à receita nacional dos impostos do Serviço da Alfândega Marítima, a agência dirigida por estrangeiros que produzia renda para o governo nacional. Isso significava que o controle da capital era um prêmio financeiro, além de simbólico. Porém, na realidade, o governo de Beijing controlava apenas partes do norte ou leste da China e não tinha nenhuma possibilidade de controlar o resto do país.

O desafio mais notável à ideia de que a nova República da China constituía um Estado independente, soberano e moderno era a realidade de que os estrangeiros ainda tinham o direito de vetar ou controlar grande parte da situação doméstica ou internacional do país. A situação global depois da Primeira Guerra Mundial havia acabado com a expansão imperial europeia, mas a Grã-Bretanha, a França, os Estados Unidos e as outras potências ocidentais mostravam pouco desejo de perder aqueles direitos, tais como a extraterritorialidade e o controle de preços, que eles já detinham. Diferentemente das potências ocidentais, o Japão procurou maior expansão: em 1915, enquanto a Europa era perturbada pela guerra, o governo de Tóquio apresentou as infames "Vinte e Uma Exigências" ao governo dos senhores da guerra à época, exigindo e obtendo direitos comerciais e políticos exclusivos em grandes regiões da China. Para muitos chineses, a fraqueza e a venalidade da república pareciam um arremedo de todo o projeto de modernizar o país.

A cidade de Shanghai tornou-se o ponto focal para as contradições da modernidade chinesa. No início do século XX, Shanghai era uma maravilha que não pertencia apenas à China, mas ao mundo todo, com arranha-céus, luzes de neon, mulheres (e homens) vestindo modas escandalosamente novas e uma atmosfera vibrante, de mentes voltadas para o comércio e extremamente determinadas a realizar seus intentos, que a tornou famosa – ou notória – como a "pérola" ou a "prostituta" do Oriente. Suas áreas centrais, a Zona Internacional e a Concessão Francesa, estavam fora do controle do governo chinês, sendo dirigidas respectivamente por um conselho de contribuintes estrangeiros (o Conselho Municipal de Shanghai) e um governador francês. Isso causou um conflito de sentimentos entre muitos chineses, da elite à base da pirâmide social. O racismo decorrente do imperialismo podia ser visto todos os dias, dos chutes e surras dados por viajantes europeus grosseiros em condutores de riquixá até a barreira racista que impedia burgueses chineses ricos de ingressarem como membros nos clubes europeus ou de entrarem em certos parques públicos da cidade. No entanto, o glamour da modernidade era também inegável. Milhões de trabalhadores migrantes fluíam do campo para Shanghai com o intuito de construir uma nova vida. Mais chineses da elite vinham para a cidade ao encontro da moda francesa, da arquitetura inglesa e do cinema americano, interessados em desfrutar a relativa liberdade de publicação e expressão que a cidade parecia oferecer. Não surpreende que Shanghai, no período pré-guerra, tivesse mais milionários do que qualquer outro lugar da China, mas também abrigasse o Primeiro Congresso do Partido Comunista Chinês.

4. Um carro patrulha na Zona Internacional controlada por estrangeiros em Shanghai. Os estrangeiros preocupavam-se constantemente com a ameaça do nacionalismo e do comunismo.

Entretanto, a política chinesa parecia, aos olhos de muitos, estar descambando para conflitos entre senhores da guerra e para uma mentalidade regionalista na década de 20. Apesar disso, a situação política não era de todo sombria, nem os soldados dos exércitos dos senhores da guerra eram apenas os "soldados de chocolate", como costumavam ser ridicularizados pelos observadores ocidentais. Alguns líderes militares estavam à altura da imagem popular, como Zhang Zuolin (1875-1928) da Manchúria, um ex-bandoleiro analfabeto, mas astuto e interesseiro, que em 1923 gastou 76% da arrecadação de impostos de sua região em guerras para aumentar seu território e apenas 3% em educação. Outros, porém, estavam interessados em construir além de guerrear. Yan Xishan (1883-1960), de Shanxi, tornou-se famoso como um dos senhores da guerra mais progressistas, promovendo uma intensa campanha contra o enfaixe dos pés na sua província, e o filho de Zhang Zuolin, Zhang Xueliang (1900-2001), supervisionou um aumento significativo de transporte, educação e infraestrutura comercial na Manchúria, que abrange as províncias do nordeste da China.

Apesar da reputação de corruptos, os governos militares tampouco foram capazes de considerar apenas seus próprios interesses imediatos. Um exemplo ilustrativo é a entrada da China na Primeira Guerra Mundial. O grupo militar que detinha o poder em Beijing em 1917 havia calculado que a Grande Guerra terminaria com a derrota da Alemanha, um dos grandes impérios europeus que detinha direitos coloniais no território chinês. O primeiro ministro Duan Qirui argumentava que seria bom para a causa do país apoiar a guerra junto aos Aliados. O governo de Duan ofereceu tropas de combate, que os franceses estavam dispostos a aceitar, porque o número de baixas francesas aumentava muito a cada mês. Os britânicos mostravam-se menos entusiasmados: haviam perdido proporcionalmente menos homens e eram mais sensíveis à hierarquia racial. No final, 96.000 chineses serviram no front ocidental não como soldados, mas cavando trincheiras e executando um duro trabalho braçal. Cerca de dois mil homens morreram na Europa. O governo chinês, apesar de seus problemas e de sua falta de apoio popular, tomara uma decisão importante: a China poderia – e deveria – envolver-se em conflitos internacionais.

Foi o envolvimento na Primeira Guerra Mundial que propiciou um dos acontecimentos mais importantes na história moderna da China: as manifestações estudantis em 4 de maio de 1919.

Movimento Quatro de Maio

As notícias eram ruins. Em 30 de abril, tornou-se claro que a Conferência de Paz em Paris não devolveria à soberania chinesa as regiões da província de Shandong, que haviam sido colonizadas pelos agora derrotados alemães; em lugar disso, as Potências Aliadas as entregariam à Alemanha. Apenas cinco dias mais tarde, em 4 de maio de 1919, cerca de três mil estudantes reuniram-se na parte central de Beijing, na frente do Portão da Paz Celestial, e depois marcharam para a casa de um ministro do governo chinês estreitamente associado ao Japão. Ali chegados, arrombaram e destruíram a casa, tendo espancado a tal ponto um oficial visitante que seu corpo ficou coberto de marcas que "pareciam escamas de peixe".

Esse acontecimento, terminado em poucas horas, tornou-se um marco. Mesmo agora, qualquer chinês culto compreenderá o que se quer dizer por "Quatro de Maio" – desnecessário mencionar o ano – pois a demonstração estudantil veio a simbolizar uma mudança muito mais ampla na sociedade e na política chinesa. A nova república fora declarada menos de oito anos antes, mas o país já parecia estar caindo aos pedaços devido à pressão imperialista do exterior e ao governo dos senhores da guerra na China que havia destruído a frágil democracia parlamentar. O Movimento Quatro de Maio, como se tornou conhecido, estava intimamente associado à "Nova Cultura" que os intelectuais e os pensadores radicais propunham para o país, a ser sustentada pelas panaceias gêmeas da "Sra. Ciência" e "Sra. Democracia". Na literatura, uma geração "Quatro de Maio" de autores escrevia ferozmente obras anticonfucianas, condenando a cultura antiga que eles julgavam ter levado a China à crise e explorando as novas questões da sexualidade e da individualidade (ver Capítulo 6). Na política, os jovens chineses voltavam-se em desespero para novas soluções: entre elas, o Partido Nacionalista de Sun Yatsen e, no caso dos mais audaciosos, o incipiente Partido Comunista Chinês, fundado em 1921. Muitos de seus membros fundadores, inclusive o jovem Mao Zedong, haviam se associado ao fermento intelectual da Universidade de Peking, cujos estudantes tinham sido proeminentes nas demonstrações de Quatro de Maio. Nas décadas seguintes, o PCC tornou-se o maior partido governante do mundo e transformou-se há muito tempo no grupo dominante na política chinesa. Entretanto, ainda atribui regularmente suas origens aos estudantes rebeldes que marcharam em 4 de maio de 1919.

A duplicidade dos Aliados Ocidentais e de políticos chineses que haviam feito acordos secretos com os japoneses levou a uma descoberta indesejável para os diplomatas chineses na Conferência de Paz em Paris: as antigas colônias alemãs em solo chinês não seriam devolvidas à soberania chinesa, mas entregues aos japoneses, que também haviam entrado na guerra junto aos Aliados, em 1917. As demonstrações patrióticas dos estudantes em Beijing em "Quatro de Maio" tornaram-se simbólicas de um sentimento mais amplo de ultraje nacional, de que a China estava sendo enfraquecida internamente por seus instáveis governos militares e externamente pela presença continuada do imperialismo estrangeiro.

O ultraje simbolizado pelas manifestações de Quatro de Maio deu origem a toda uma gama de pensamento novo, coletivamente chamado movimento da "Nova Cultura", que se estendeu de mais ou menos 1915 até o final da década de 20. Nas cidades chinesas, figuras literárias como Lu Xun e Ding Ling escreviam ficção destinada a alertar o país para seu estado de crise (ver Capítulo 6). Os pensadores políticos voltavam-se para uma variedade de ismos – como liberalismo, socialismo e anarquismo – e também procuravam inspiração em uma variedade de exemplos estrangeiros, inclusive figuras nacionalistas, como Washington e Kessuth, mas também figuras não europeias, como Gandhi e Atatürk. Os tiros contra operários em greve nas fábricas em Shanghai, disparados pela polícia controlada por estrangeiros em 30 de maio de 1925 (o "Incidente de 30 de Maio"), inflamaram ainda mais as paixões nacionalistas, dando esperanças ao partido nacionalista de Sun Yatsen, que se reagrupava então sob a proteção de um senhor da guerra amigo em Cantão.

O "ismo" que surgiu nessa época e que se tornaria mais tarde dominante foi, é claro, o comunismo. O Partido Comunista Chinês (PCC), mais tarde o engenheiro da maior revolução camponesa do mundo, começou com raízes urbanas diminutas. Foi fundado no tumulto intelectual do Movimento Quatro de Maio, e muitas de suas figuras fundadoras estavam ligadas à Universidade de Peking, como Chen Duxiu (decano de humanidades), Li Dazhao (bibliotecário-chefe) e um jovem Mao Zedong (um simples ajudante da biblioteca). Em seus primórdios, o partido era mais um grupo de discussão de intelectuais com mentalidades semelhantes e poucos membros, embora ainda fosse politicamente perigoso tomar parte de suas atividades. Poucos de seus membros tinham uma visão teórica sólida do marxismo. O processo que ajudaria a transformar o PCC em uma máquina para governar a China seria catalisado pela intervenção da ajuda soviética. Antes que isso acontecesse, o próprio PCC se veria em uma aliança com o líder nacionalista, Sun Yatsen.

A Expedição do Norte

O próprio Sun não retornou à China como um líder nacional em 1917. Em vez disso, foi forçado a contar com o apoio de um líder militar da província de Guangdong, Chen Jiongming, que simpatizava com o objetivo máximo de Sun de reunificar a China e concedeu-lhe uma base em Cantão. A outra fonte de apoio-chave para Sun era internacional. Ele havia tentado em vão ganhar a ajuda ocidental e japonesa, mas em 1923 foi capaz de obter o apoio formal do mais novo e mais radical Estado do mundo: a Rússia Soviética (mais tarde transformada em URSS). Os soviéticos não pensavam que o incipiente PCC, que aconselhavam desde a sua fundação em 1921, tivesse qualquer perspectiva realista de assumir o poder no futuro próximo. Portanto, ordenaram que o partido se aliasse ao muito maior partido "burguês" – aos nacionalistas. Ao mesmo tempo, tal aliança era atraente para Sun: os soviéticos providenciariam treinamento político, assistência militar e financiamento. A partir da base em Cantão, os nacionalistas e o PCC treinaram juntos desde 1923, preparando-se para a missão de reunificar a China.

Sun morreu de câncer em 1925. A batalha da sucessão no partido coincidiu com o repentino aumento de sentimento xenófobo que surgiu com as demonstrações e os boicotes de Trinta de Maio. Por aconselhamento soviético, os nacionalistas e o PCC prepararam-se para sua grande marcha para o norte, a "Expedição do Norte", que deveria finalmente libertar a China das divisões e da exploração. Em 1926-1927, o Exército Revolucionário Nacional, treinado pelos soviéticos, avançou lentamente para o norte, lutando, subornando ou persuadindo seus adversários a aceitar o controle nacionalista. A figura militar mais poderosa veio a ser um oficial de Zhejiang chamado Chiang Kaishek (1887-1975). Treinado em Moscou, Chiang avançou com firmeza e finalmente conquistou o grande prêmio, Shanghai, em março de 1927.

5. Chiang Kaishek foi o líder da China de 1928 a 1949 e governou Taiwan até sua morte, em 1975. Alcançou algum sucesso em modernizar a China continental, mas seu governo foi solapado pela corrupção, pelo partidarismo e pela guerra com o Japão.

Entretanto, havia uma surpresa horripilante reservada para os aliados comunistas de Chiang. A oportunidade que ele teve para observar os conselheiros soviéticos de perto não o deixara bem impressionado; estava convencido (não sem razão) de que a intenção deles era tomar o poder em aliança com os nacionalistas e depois afastar esses últimos do caminho para assumir o controle, à maneira bolchevique, por sua própria conta. Em vez disso, Chiang atacou primeiro. Empregando bandidos locais e soldados, organizou uma greve relâmpago que reuniu os ativistas do partido comunista e os líderes dos sindicatos em Shanghai e matou milhares deles com imensa brutalidade. As ações de Chiang faziam parte de um quadro mais amplo de conflitos violentos que agitaram a China durante todo esse período: no sul, onde o PCC dominava, simpatizantes dos nacionalistas foram massacrados.

O governo nacionalista de Chiang Kaishek nasceu sangrento, mas merece uma avaliação mais objetiva do que lhe tem sido concedida até recentemente. De muitas maneiras, como sugere o próximo capítulo, os nacionalistas liderados por Chiang e os comunistas, por fim liderados por Mao, tinham muito em comum. Os dois partidos consideravam-se revolucionários, e ambos logo concluiriam que suas revoluções haviam chegado, rangendo os pneus, a um ponto de parada. O slogan do partido nacionalista – "a revolução ainda não está completa" – poderia ter sido pronunciado com igual convicção por Mao. Foi essa similaridade de intenção, em parte, que tornou a rivalidade deles tão mortal.

Capítulo 3

Modernização da China

A história da política na China do século XX tem sido contada como uma narrativa de conflitos: em particular, o conflito entre nacionalistas liderados por Chiang Kaishek e comunistas liderados por Mao Zedong. Sem dúvida, o choque entre esses dois partidos modelou a vida chinesa durante décadas. A China de Chiang era marcada pela retórica do *jiaofei* – extermínio dos bandidos –, uma referência à eliminação dos comunistas, a quem ele recusou honrar com o termo "partido", até ser forçado a fazer uma aliança com eles durante a guerra antijaponesa. Na China de Mao, era Chiang o bicho-papão: o senhor da guerra feudal e corrupto, cuja família tinha explorado a China sem reservas até os comunistas limparem o país, em 1949.

Décadas depois das mortes de Mao e Chiang, é possível não só ver essas duas figuras capitais com alguma perspectiva, mas também prestar mais atenção ao contexto ao seu redor. Há uma alternativa a considerar o início do século XX como um choque entre esses dois gigantes chineses: podemos tratar o período desde o estabelecimento do governo nacionalista de Chiang em 1928 até os dias de hoje como um longo projeto modernizador de dois partidos que tinham tanto concordâncias quanto discordâncias. Nacionalistas e comunistas queriam estabelecer um forte Estado centralizado, afastar as potências imperialistas da China, reduzir a pobreza rural, manter um Estado de partido único e criar uma poderosa infraestrutura industrializada no país. Os dois partidos lançaram poderosas campanhas contra a "superstição", acreditando que as crenças espirituais "atrasadas" estavam impedindo a China de alcançar a modernidade. A principal diferença ideológica era a de que o PCC acreditava que nenhuma dessas metas, especialmente a reforma rural, seria possível sem uma luta de classes de grande envergadura. A isso se opunham os nacionalistas, em parte por serem cativos de forças que combatiam a redistribuição econômica. Essa divisão gerou uma desavença mortal em meados da década de 20, que só foi resolvida pela vitória comunista em 1949. Ironicamente, porém, no final do século o PCC também havia abandonado a luta de classes, ainda que só depois de décadas de conflitos faccionários, muitas vezes altamente destrutivos, entre as classes.

Os nacionalistas no poder

O governo nacionalista de Chiang Kaishek assumiu o poder em 1928 por meio de uma combinação de força militar e apoio popular. As táticas sangrentas de Chiang haviam sido exibidas em Shanghai e depois em Cantão, em 1927, quando seus sequazes voltaram-se contra seus antigos aliados comunistas e mandaram matar milhares deles. Essa ação pareceu a muitos um prenúncio sobre o tipo de governo que Chiang conduziria: mais disposto a usar a violência do que a persuasão. Seu governo falava dos "direitos do povo", um dos três princípios da filosofia política de Sun Yatsen (junto com o "nacionalismo" e "o sustento do povo"), mas reprimia a dissidência política com grande crueldade, empregando prisões arbitrárias e tortura, a última técnica caracterizada pelas atividades do chefe do serviço secreto nacionalista, Dai Li. A governança nacionalista foi marcada pela corrupção e pela frequente capitulação frente às exigências daqueles que tinham interesses na antiga ordem. Um dado indicativo é que, em 1930, a taxa de mortalidade da China era a mais alta do mundo, maior que a da Índia colonial e 2,5 vezes maior que a dos Estados Unidos.

Não obstante, registros dos nacionalistas no poder também mostram pontos fortemente significativos, que costumam ser negligenciados. Em particular, muitos dos aspectos da China contemporânea que têm atraído interesse hoje em dia, bem como realizações pelas quais Mao tem recebido crédito, originaram-se de fato no governo nacionalista. O governo de Chiang deu início a um importante impulso de industrialização, aumentou consideravelmente a infraestrutura de transporte da

China e renegociou com sucesso muitos dos "tratados desiguais" que tanto haviam frustrado as relações entre a China e as potências imperiais desde as Guerras do Ópio.

Ao longo de toda sua existência, contudo, o governo padeceu de uma realidade que o mutilava. Seu status como o "Governo Nacional" da China era internacionalmente reconhecido, mas ele nunca controlou de fato mais que algumas poucas províncias (ainda que muito importantes), apesar de o nível de influência de Chiang ter crescido na China ocidental em meados da década de 30, quando ele se aliou a militares regionais para impelir os comunistas para o norte. Os militares regionais continuavam a controlar grande parte da China ocidental; os japoneses ocuparam a Manchúria em 1931; os comunistas restabeleceram-se no nordeste. Porém, mesmo a consolidação parcial de Chiang foi rapidamente despedaçada em 1937. A "China Livre", o interior do país controlado pelos nacionalistas, ficou confinada em regiões do sul e do centro do país durante os anos da guerra. A reunificação final em 1945 chegou tarde demais para o governo aproveitá-la, e o mutilado governo de Chiang deu lugar aos comunistas apenas quatro anos mais tarde. Chiang sempre cambaleou por ter de agir como chefe de um país que, na realidade, era significativamente desunido.

Além disso, as causas de algumas das terríveis realidades horripilantes da China no início do século XX não foram plenamente compreendidas à época. Era lugar-comum argumentar que os problemas do país provinham em parte de uma população demasiado grande e de alimentos demasiado escassos. Mas agora parece que, embora a fome realmente atingisse regiões da China de forma regular, não havia escassez crônica de alimentos. Ao contrário, os níveis estarrecedores de higiene e assistência médica antes de 1949 significavam que as taxas de mortalidade eram altas mesmo entre uma população que tinha o que comer. As campanhas de higiene realizadas pelo PCC depois de 1949 reduziram drasticamente as taxas de mortalidade, mesmo sendo a população muito mais numerosa que algumas décadas antes. Tampouco a economia era tão calamitosa quanto tem sido sugerido (ver também Capítulo 5). Supôs-se durante muito tempo que os artesanatos tradicionais do campo chinês tivessem sido destruídos pelo imperialismo e pela mecanização que ele trouxe de roldão, mas agora sabemos que alguns ofícios continuaram fortes na década de 30. Embora a fiação à mão tivesse se tornado obsoleta com o desenvolvimento da fiação de algodão mecanizada, a tecelagem de seda e algodão de alta qualidade feita à mão era de considerável importância na economia pré-guerra da China.

Para fazer uma avaliação equilibrada do governo que administrou a China de 1928 a 1949, é importante ver os nacionalistas não apenas como seus inimigos os percebiam, mas também nos termos em que viam a si mesmos. Chiang acreditava completa e sinceramente que o seu papel era realizar a "revolução inacabada" de Sun Yatsen. Nessa visão, a China seria unificada, e as divisões militaristas que a tinham despedaçado por duas décadas terminariam. O país teria um papel pleno na comunidade das nações, mas o colonialismo já não seria permitido em seu solo. A visão nacionalista para a China também a imaginava como um Estado industrializado: na verdade, foi Sun Yatsen quem primeiro sugeriu represar o Yangtze para gerar energia elétrica, uma meta que seria finalmente alcançada oito décadas mais tarde, quando a Represa das Três Gargantas começou a funcionar, em 2003.

A visão nacionalista da China era indubitavelmente moderna: desejava criar cidadãos autoconscientes que viveriam de modo científico e racional. Por essa razão, os nacionalistas despenderam considerável energia combatendo a "superstição": os costumes folclóricos e as práticas religiosas tradicionais que eles sentiam estar em descompasso com a modernidade. Apesar de seu desejo de restaurar alguns dos supostos valores tradicionais que haviam sido solapados pela modernidade, Chiang Kaishek também falava da "ciência" como uma força que poderia transformar o país em um Estado poderoso e independente.

O governo de Chiang tem sido frequentemente criticado por ter estado a serviço da classe capitalista emergente da

China. Na realidade, os capitalistas de Shanghai tinham uma relação desconfiada com Chiang, que gostava de aumentar a receita pública com o dinheiro deles e não se envergonhava de empregar extorsão para esse fim. Mais fundamentalmente, os nacionalistas deram início a um projeto de industrialização e desenvolvimento patrocinado pelo Estado, grande parte do qual em cooperação com a Liga das Nações, que providenciava assistência técnica relevante, e seu maior sucesso foram provavelmente as medidas de controle de enchentes empreendidas depois das desastrosas inundações do rio Yangtze ocorridas em 1931. As medidas foram bastante amplas, de modo que as próximas grandes enchentes, em 1935, causaram uma perda relativamente pequena de vidas. Em seus dois primeiros anos, o governo nacionalista também conseguiu duplicar a extensão das rodovias na China, de 32.000 para 64.000 quilômetros, e aumentou o número de estudantes de engenharia. Costuma-se associar o planejamento estatal ao bloco socialista durante a Guerra Fria, mas na realidade ele foi amplamente defendido tanto em democracias quanto em ditaduras durante o período entreguerras (o New Deal de Roosevelt é um notável exemplo), particularmente quando a Grande Depressão encorajou o protecionismo e fez os governos dar as costas à ideia de deixar o mercado agir sem controle. O planejamento estatal estava no centro do desejo dos nacionalistas de mudar a China por meio da modernização.

Em 1934, os nacionalistas haviam conseguido forçar os comunistas a realizar a Longa Marcha desde a província de Jiangxi, uma região remota e rural da China central. Foi ali que Chiang lançou sua própria tentativa de um contra-argumento ideológico ao comunismo: o Movimento da Nova Vida. Esse deveria ser uma completa renovação espiritual da nação, por meio de uma versão modernizada dos valores confucianos tradicionais, tais como propriedade, honestidade e lealdade. Em termos de comportamento pessoal, o Movimento da Nova Vida exigia que os cidadãos da nação usassem roupas simples mas limpas, consumissem produtos feitos na China em vez de procurar mercadorias estrangeiras de luxo e também se comportassem de maneira higiênica e ordenada (sem errar ao acaso pelas estradas, nem urinar em lugares públicos). Os objetivos do movimento, entretanto, não eram tradicionais, e sim modernos: ele procurava ser um movimento de massa que produziria uma China militarizada, industrializada e mais culturalmente consciente. Madame Chiang Kaishek disse acerca do movimento, em 1935: "a mera acumulação de riqueza não é suficiente para tornar a China capaz de retomar sua posição de grande nação. Deve haver também uma revivescência do espírito, uma vez que os valores espirituais transcendem a mera riqueza". O objetivo do movimento era criar cidadãos que tivessem conhecimento de si mesmos, consciência política e compromisso com a nação. A própria política era derivada de uma variedade de fontes, que incluíam o confucionismo, o cristianismo ativo e o darwinismo social. Apesar de seu anticomunismo, o movimento partilhava muitos valores e pressupostos com o PCC, com sua ênfase na frugalidade e nos valores coletivos, mas nunca teve muito sucesso. Enquanto a China padecia com uma crise fiscal e agrícola de grande monta, prescrições sobre roupas e comportamento ordeiro não tinham muita força para arrebatar o povo.

Por que os grandiosos planos dos nacionalistas fracassaram, assim como os da dinastia Qing tinham fracassado? A modernidade tecnológica era ótima, mas grande parte do seu impacto estava confinado às cidades, e ela pouco fez para mudar a vida na área do campo, onde viviam mais de 80% do povo chinês. (Havia exceções, e o papel da ferrovia encurtando as distâncias entre o país no início do século XX deve ser assinalado.) Os nacionalistas empreenderam alguma reforma rural, incluindo o estabelecimento de cooperativas rurais em várias províncias da China, embora seus efeitos fossem pequenos, com apenas 750 mil agricultores em cooperativas em 1935. O partido também se enredou rapidamente com interesses de grupos locais que tinham pouca disposição a fazer reformas e tomou decisões insensatas que enfraqueceram seu governo. O maior obstáculo aos objetivos do Estado era sua incapacidade de arrecadar a renda dos impostos. Incapaz de criar uma forte agência central da receita, o poder executivo dependia de outras agências, inclusive da Alfândega Marítima, uma organização híbrida, parcialmente do governo chinês, mas chefiada por um estrangeiro (em geral um britânico), encarregada de arrecadar impostos sobre mercadorias em trânsito para o governo chinês e responsável pelas "concessões para arrecadar impostos". A última significava a devolução da arrecadação dos impostos às elites locais, que se viam então livres para extorquir e exigir à força pagamentos da população em geral. Ao ceder sua iniciativa de arrecadação dos impostos dessa maneira, os nacionalistas só resolveram um problema de curto prazo por meio de uma corrosão, imensamente destrutiva a longo prazo, da confiança pública na capacidade do Estado de operar com honestidade e eficiência.

No entanto, um fator afetou sobretudo a capacidade de os nacionalistas estabelecerem qualquer tipo de governo estável e efetivo: a Guerra Sino-Japonesa, de 1937 a 1945, conhecida na China como a Guerra de Resistência contra o Japão. Menos de uma década depois de se estabelecer, o governo de Chiang estava mergulhado em total conflito.

Os oito anos de guerra devastaram a China. Os números exatos da mortalidade nunca foram elaborados, mas um número mínimo parece estar por volta de 15 milhões (com algumas estimativas chegando a 35 milhões). Cerca de 80 milhões de chineses podem ter se refugiado. A infraestrutura industrial e tecnológica em lenta expansão da década anterior foi destruída (cerca de 52% do total em Shanghai, e cerca de 80% na capital abandonada de Nanjing). O governo teve de operar no exílio, desde o interior sudoeste mais remoto da China, quando sua área de maior força e prosperidade, o litoral leste chinês, foi perdida para a ocupação japonesa. Ao mesmo tempo, os comunistas, que foram impelidos para o noroeste remoto depois da Longa Marcha de 1935-1936, viram-se então capazes de consolidar e expandir seu domínio sobre o norte da China. O projeto de Chiang de consolidação e unificação foi forçado a dar marcha a ré. As condições da guerra encorajavam a corrupção, o mercado negro e a hiperinflação.

A invasão japonesa que começou em 1937 foi impiedosa. Entre as muitas atrocidades cometidas contra a população chinesa, a mais notória é o Massacre de Nanjing ("o Estupro de Nanjing") que ocorreu nas semanas entre dezembro de 1937 e janeiro de 1938. Os nacionalistas haviam sido forçados a abandonar sua capital, e a cidade estava indefesa quando os japoneses chegaram a seus portões. Soldados fora de controle, irrefreados por seus comandantes, entregaram-se a semanas de matanças em massa, estupros e destruição de propriedade que resultaram em dezenas e muito possivelmente centenas de milhares de mortes. Contudo, esse foi apenas um de uma série de crimes de guerra cometidos pelo exército japonês durante sua conquista do leste da China. Ainda assim, os japoneses conseguiram ganhar a cooperação de alguns chineses, muitos dos quais sentiam que desafiar os japoneses lhes traria ainda mais horrores. Essa foi a justificativa utilizada por um dos rivais nacionalistas mais antigos de Chiang, Wang Jingwei, que passou para o lado dos japoneses em 1938 e foi empossado presidente de um governo nacionalista "reorganizado" em Nanjing, em

6. A Guerra Sino-Japonesa (1937-1945) dividiu a China. Aqui refugiados correm por Chongqing, capital durante a guerra, depois de um pesado bombardeio aéreo.

1940. O governo de Wang descrevia-se como o verdadeiro herdeiro de Sun Yatsen e acusava Chiang de ser um traidor que se aliara aos odiados comunistas. Porém, seu regime não tinha status independente sem a colaboração com o Japão e nunca obteve o apoio da massa. Wang morreu de câncer em 1944.

Embora o Japão tenha sido derrotado em 1945, a China pós-guerra ainda estava em estado de choque. Ao contrário do período pré-guerra, a escassez de alimentos era genuína em 1945, pois grande parte da região central agrícola da China havia sido destruída, e os suprimentos para minorar a fome vindos do exterior conseguiam amenizar apenas uma pequena parte do problema. A escassez causou inflação, ao que o governo reagiu emitindo papel-moeda, em parte para pagar seus imensos compromissos militares: uma medida tola, mas era difícil pensar em políticas alternativas. Uma saca de arroz teve um aumento de preço de 6,7 milhões de yuan em junho de 1948 para 63 milhões de yuan apenas dois meses mais tarde. Quando a China mergulhou em mais outra guerra, a Guerra Civil entre os comunistas e os nacionalistas (1946-1949), a imensa desilusão com o governo nacionalista fez com que muitos que não eram marxistas por inclinação saudassem uma vitória comunista simplesmente porque sentiam que os nacionalistas não tinham mais credibilidade.

Durante todo esse tempo, os comunistas (PCC) não se mantiveram imobilizados. Depois que Chiang voltara-se contra eles nas cidades, a maioria do que restou do partido fugiu para o campo, longe da área de controle de Chiang. Um importante centro de atividade era a área-base na província de Jiangxi, uma região empobrecida da região central da China. Foi ali, entre 1931 e 1935, que o partido começou a experimentar sistemas de governo que acabariam levando-o a assumir o poder e dar forma à República Popular. Após sua experiência com Chiang, o partido considerava essencial treinar um exército vermelho próprio. Experimentou também formas de redistribuição de terras e governo representativo, embora o partido evitasse indispor-se com as elites locais enquanto ainda era vulnerável, e assim não impunha políticas que pudessem levar os líderes locais a se virar contra ele. Foi durante esse período que Mao começou a ganhar poder pela primeira vez: embora tivesse sido um dos mais antigos membros do PCC, foi o período nas áreas rurais que lhe permitiu avançar para o primeiro plano. Entretanto, foi também a influência de Mao que contribuiu para o aumento da violência dentro do partido e para ataques mais radicais aos proprietários de terra locais em meados da década de 30. Além disso, a essa altura, as "Campanhas de Extermínio", antes ineficazes apesar de seu nome intransigente, estavam começando a tornar insustentável a posição do PCC em Jiangxi.

Em 1934, o partido deu início à ação que permanece emblemática até hoje: a Longa Marcha. Percorrendo mais de 6.500 quilômetros, 4.000 dos 80.000 comunistas originais que começaram a caminhada finalmente chegaram, exaustos, à província de Shaanxi, no noroeste, bem longe do alcance do governo nacionalista. Estavam seguros, mas também em

7. **A Longa Marcha de 1934-1935 ajudou Mao a chegar à liderança suprema do Partido Comunista Chinês. Esta imagem é tirada de uma tapeçaria que representa cenas da marcha.**

fuga. Parecia possível que, dentro de alguns meses, Chiang mais uma vez atacasse.

A aproximação da guerra salvou o PCC. Havia um crescente descontentamento público com a pouca disposição de Chiang para combater o Japão. De fato, essa percepção era um tanto injusta. Os nacionalistas tinham procurado reciclar os regimentos essenciais no exército, seguindo conselho alemão, e também começaram a planejar uma economia de guerra desde 1931, incitados pela invasão da Manchúria. Entretanto, Chiang sabia que a China levaria muito tempo para se tornar capaz de resistir aos exércitos bem-treinados, à excelente tecnologia e aos recursos coloniais do Japão; por isso, preferia uma solução pouco fascinante, mas prática, de apaziguamento diplomático. Em 1936, porém, isso já não era viável. Os acontecimentos chegaram a um ponto crítico em dezembro de 1936, quando o líder militar da Manchúria (Zhang Xueliang) e o PCC conseguiram raptar Chiang. Como condição de sua libertação, Chiang concordou com uma Frente Unida, por meio da qual os nacionalistas e os comunistas esqueceriam suas diferenças e se aliariam contra o Japão.

Isso deu ao PCC um valioso espaço para respirar. Eles tinham várias áreas sob controle na China em tempo de guerra, mas a mais famosa era a área base ShaanGanNing, com sua capital na pequena cidade de Yan'an. Entretanto, foi a presença de uma figura em particular que tornou "Yan'an" um termo icônico: Mao Zedong. Sua credibilidade como figura política havia sido enormemente ampliada, porque sua defesa da revolução usando os camponeses parecia mais sensata do que a então desacreditada política da revolução urbana, apoiada pelos soviéticos. Não era fácil chegar a Yan'an, sendo seu isolamento uma vantagem para os esforços de proteger a área contra os nacionalistas e os japoneses. Mao tirou proveito disso, usando o período para implementar uma variedade de políticas que acabariam por influenciar seu governo sobre a China. Essas políticas incluíam tentativas de criar uma economia autossuficiente, instituir reformas tributária e agrária para aliviar a pobreza da população rural e obter uma representação mais plena da população local no

8. O líder comunista Mao Zedong e sua esposa Jiang Qing (foto tirada depois da Longa Marcha, 1936).

governo. Ao mesmo tempo, Mao remodelou o partido à sua própria imagem. O partido foi purgado por meio de repetidas campanhas de "Retificação" (*zhengfeng*), que procuravam impor uma pureza ideológica aos membros do partido, baseada no próprio pensamento de Mao, em vez de encorajar a dissidência.

O jornalista americano Edgar Snow, que simpatizava profundamente com o partido, viajou para Yan'an e conheceu Mao. Em seu clássico relato dessa viagem, intitulado *Red Star over China*, ele observou a respeito de Mao:

> Ele tinha a simplicidade e a naturalidade do camponês chinês, com um vivo senso de humor e um gosto pelo riso rústico [...] ele combinava qualidades curiosas de ingenuidade com uma sagacidade incisiva e uma sofisticação mundana.

No final da guerra com o Japão, as áreas comunistas haviam se expandido enormemente, com cerca de 900.000 tropas no Exército Vermelho, e o número de membros do partido chegando a uma nova cifra de 1,2 milhão. Durante grande parte da década de 30 e adentrando os anos da guerra, não havia dúvida de que existiam dois polos ideológicos cruciais para os nacionalistas que se opunham à presença japonesa: o governo de Chiang em Nanjing (em seguida em Chongqing, durante a guerra) e o de Mao em Yan'an. Os dois ofereciam uma visão poderosa de modernidade, em ambos os casos em desacordo com a realidade um tanto decadente de suas áreas de controle. Porém, mais poder para um dos polos significava menos poder para o outro: em meados da década de 30, o polo nacionalista parecia estar ganhando força; todavia, em meados da década de 40, a guerra e seus efeitos haviam invertido a balança.

Acima de tudo, a guerra com o Japão tinha ajudado os comunistas a recuar da beira do abismo e destruído a tentativa de modernização que os nacionalistas haviam empreendido. Na esteira da derrota do Japão, os dois lados lutaram pelo poder. Incapazes de chegar a uma solução de compromisso, os nacionalistas e os comunistas mergulharam na guerra civil em 1946, uma guerra que só terminou com a vitória do PCC, em 1949. Chiang fugiu para Taiwan, e em Beijing, então novamente com seu status de capital, Mao fundou a República Popular da China.

Vitória em Chongqing

No centro da cidade de Chongqing, encontra-se uma estátua alta, agora um tanto eclipsada pelos arranha-céus de vidro e aço que a circundam. É o Monumento da Libertação. Há várias referências à "libertação" (*jiefang*) na China hoje em dia, mas quase todas elas aludem a 1949, o ano em que os comunistas finalmente ganharam o controle da China continental. Contudo, em Chongqing, o Monumento da Libertação celebra outro acontecimento: a vitória sobre o Japão em 1945. Foi esse momento que marcou o ponto decisivo. Que espécie de país seria a China pós-guerra?

Vale lembrar as ideias da maioria dos chineses e do mundo em geral sobre aquele dia. Não foi Mao, mas Chiang Kaishek, como o líder da China durante os oito anos de guerra, quem recebeu os louvores do mundo e realizou paradas da vitória nas ruas de Chongqing, sua capital durante a guerra. A ideia de Chiang e do mundo era a de que seu governo retomaria então o projeto de construir um Estado que ele havia começado na década de 20.

O Ocidente certamente supôs que Chiang ficaria no poder durante muitos anos. O presidente Roosevelt tinha caracterizado a China como um dos Quatro Policiais (junto com os Estados Unidos, a União Soviética e a Grã-Bretanha) que monitorariam o mundo do pós-guerra. O primeiro ministro Churchill demonstrava muito menos entusiasmo em tratar Chiang como uma figura global séria, mas ele não o via perdendo poder. Certamente, a determinação da China em sobreviver nos anos de guerra havia colhido recompensas no palco global. Em 1943, tinham finalmente chegado ao fim todos os "tratados desiguais" que durante um século haviam atormentado as relações entre a China e o Ocidente. Em 1946, a China tornava-se um dos cinco membros permanentes do Conselho de Segurança da recém-criada Organização das Nações Unidas. Foram feitos imensos esforços de ajuda internacional para minorar a pobreza desesperadora nas cidades e no campo chinês. Todos achavam, inclusive a URSS de Stálin, que a China permaneceria no bloco ocidental na emergente Guerra Fria.

Em alguns anos, tudo deu errado para Chiang. Por quê? A maior parte das histórias tem culpado diretamente Chiang e os nacionalistas, e eles devem ter de fato uma grande parcela de responsabilidade. Grandes porções da população foram marcadas como colaboradores, uma prova de pouca compreensão dos dilemas que haviam enfrentado aqueles que tiveram de decidir entre fugir ou ficar diante da invasão japonesa. Muitos dos funcionários instalados no governo nacionalista restaurado eram corruptos e ineficientes. Dentro de meses, a boa vontade suscitada pela vitória havia sido desperdiçada.

A vitória comunista foi militar ou social? Os dois aspectos não são facilmente separáveis. O PCC tinha pouca chance de implementar uma reforma agrária séria antes de 1949 na maioria das áreas chinesas: durante a Guerra Civil, ele simplesmente não tinha esse nível de controle sobre a população. Sem a brilhante tática militar de Lin Biao e dos outros generais do Exército da Libertação do Povo (ELP), apenas a reforma social não teria sido suficiente para produzir a vitória do PCC. Por outro lado, era evidente em 1948 que, embora os exércitos de Chiang tivessem o apoio americano e a superioridade no tocante à verba e às tropas, sua moral estava decaindo. A boa vontade motivada pela vitória sobre o Japão não havia sido transferida para o PCC, mas já não estava com os nacionalistas. Sua oportunidade de obter a unidade tinha sido desperdiçada.

Na época em que Mao declarou o estabelecimento da República Popular da China (RPC) no alto da praça Tian'anmen em 1949, não havia dúvidas quanto ao caminho da China. O ano de 1949 não foi um momento decisivo, mas o resultado das escolhas feitas em 1945: a China teria um governo comunista aliado à URSS e fechado ao Ocidente.

Mao no poder

A China de Mao era muito diferente da China de Chiang, sob muitos aspectos. Talvez a mudança mais poderosa estivesse contida no slogan "A política no comando", que foi usado na campanha do Grande Salto para Frente, de 1958 a 1962. Chiang preocupara-se em criar cidadãos politicamente conscientes por meio de campanhas como o Movimento da Vida Nova, mas elas não haviam conseguido penetrar com sucesso entre o povo. A China de Mao tinha um controle muito maior sobre sua população e não hesitava em usá-lo. Sua política era essencialmente moderna, na medida em que exigia a participação em massa por meio da qual os cidadãos, o "povo", viam-se como parte de um projeto estatal baseado em uma identidade nacional e de classe partilhada. O sucesso da tática militar e política de Mao também significava que o país estava unido, pela primeira vez desde o século XIX, sob um forte governo central.

A China de Mao costuma ser caracterizada como isolada. É certamente verdade que a maior parte da influência ocidental foi eliminada do país; os vários negociantes, missionários e educadores – muitos dos quais haviam passado a vida na China – foram quase todos expulsos por volta de 1952. Entretanto, a China estava então exposta a um novo tipo de influência estrangeira: o novo domínio da União Soviética na ainda nascente Guerra Fria. A década de 50 marcou o ponto alto da influência soviética na política e na cultura chinesa: diplomatas soviéticos, missões técnicas, economistas e escritores, todos desempenharam seu papel na formação da nova China comunista. Contudo, a década também viu crescer a tensão entre os chineses e os soviéticos, alimentada em parte pela condenação de Stálin por Krushchev (o que Mao tomou, em parte, como uma crítica a seu próprio culto à personalidade), bem como por mal-entendidos culturais nos dois lados. As diferenças entre ambos chegaram a um clímax em 1960 com a retirada da assistência técnica soviética da China, e as relações sino-soviéticas permaneceram tensas até a década de 80.

A República Popular usava o seu poder de Estado visando a uma meta muito diferente dos objetivos da China de Chiang: o empenho em implementar a luta de classes. Mao tinha finalmente alcançado uma liderança indisputada no PCC durante o período de guerra, e seus escritos deixavam claro que, quando ele finalmente chegasse ao poder, a moderação e o comedimento seriam evitados. "A revolução", ele afirmou celebremente em 1927 no seu *Investigação da questão camponesa em Hunan*, "não é um jantar festivo... não pode ser assim tão refinada, tão sossegada e gentil, tão moderada, bondosa, cortês, comedida e magnânima. Uma revolução é uma insurreição, um ato de violência pelo qual uma classe derruba a outra". Sem dúvida, os anos de guerra e o fracasso dos nacionalistas em reformar genuinamente as relações sociais na China rural acarretaram a formação de um amplo grupo de cidadãos favorável à mudança violenta, impelido pela convicção de que as tentativas anteriores de mudar a estrutura da sociedade rural haviam fracassado estrondosamente.

O período inicial da "reforma agrária" na China, de 1949 a 1950, teve cerca de 40% da terra redistribuída e cerca de 60% da população foi beneficiada com a mudança. Talvez um milhão de pessoas que foram condenadas como "proprie-

9. A redistribuição de terras no início da década de 50 foi uma ocasião de alegria para muitos camponeses, mas também causou uma campanha terrorista mortal contra aqueles considerados "proprietários de terra". O proprietário de terra nesta foto, tirada em 1953, possuía cerca de dois terços de um acre.

tários de terra" tenham sido perseguidas e mortas. Todavia, essa violência não foi aleatória. Foram instigadas campanhas oficiais que supervisionavam e encorajavam o terror. A alegria da "libertação" foi real para muitos chineses à época, mas o início da década de 50 não foi uma era dourada em que a China estava verdadeiramente em paz.

A urgência provinha do desejo contínuo do PCC de modernizar a China. A RPC tinha de lidar com a realidade de sua situação no início da Guerra Fria: os Estados Unidos recusavam-se a reconhecer o governo de Beijing e, embora outros países ocidentais tivessem estabelecido relações diplomáticas com a China, o país estava relativamente isolado em termos econômicos, mesmo mantendo uma relação cooperativa formal com a União Soviética. Assim que as relações com os soviéticos também começaram a se tornar mais frias em meados da década de 50, quando Mao expressou sua raiva pelo degelo de Krushchev, os pensamentos dos líderes do PCC voltaram-se para a autossuficiência como uma alternativa. Mao propôs a política conhecida como o Grande Salto para Frente. Era um plano altamente ambicioso de usar a força da economia socialista para aumentar a produção chinesa de aço, carvão e eletricidade. A agricultura deveria atingir um nível cada vez mais alto de coletivização, com os lotes de terra individuais (a base das reformas agrárias populares dos primeiros anos de Mao no poder) sendo incorporados em grandes fazendas coletivas. Estruturas familiares foram quebradas quando se estabeleceram os grandes refeitórios comunais: insistia-se que as pessoas comessem até se fartar, pois os novos métodos agrícolas assegurariam alimentos abundantes para todos, ano após ano. O ministro da agricultura, Tan Zhenlin, declarou:

> Afinal, o que significa o comunismo? [...] Primeiro, consumir bons alimentos, e não apenas saciar a fome. Em cada refeição, come-se uma dieta de carne de galinha, porco, peixe ou ovos [...] iguarias como cérebros de macaco, ninhos de andorinhas e cogumelos brancos são servidas a cada um de acordo com suas necessidades.

O plano era alimentado por uma forte crença de que a vontade política, combinada com o marxismo científico, produziria um milagre econômico de que o capitalismo simplesmente não era capaz. Entretanto, sua meta era indubitavelmente a modernização por meio da tecnologia industrial. A meta declarada do plano era alcançar a Grã-Bretanha em quinze anos, e com isso se queria dizer a capacidade industrial da Grã-Bretanha, e não seus campos de trigo ou gado. O Salto para Frente tem sido interpretado como um exemplo de como o domínio de Mao sobre o PCC acabou com as possibilidades de debate real entre os líderes: quando Peng Dehuai, o ministro da Defesa, tentou apontar a miséria causada pelo plano na conferência do partido em 1959, em Lushan, foi abruptamente afastado de seu posto. Ainda assim, convém salientar que Mao não estava sozinho ao advogar o início do Salto. Figuras como Chen Yun, o principal planejador econômico no Politburo, apoiavam fortemente o plano.

O Salto para Frente produziu grande entusiasmo em todo o país: os chineses tanto nas áreas rurais quanto urbanas participavam de campanhas de massa que não eram apenas econômicas, mas também culturais e artísticas. O colapso das estruturas familiares tradicionais durante o plano ajudou a redefinir o papel das mulheres, enfatizando seu status como trabalhadoras de posição social igual à dos homens.

Mas o Grande Salto para Frente foi um fracasso monumental. Sequer pode ser definido de outra forma, pois seus métodos geraram uma onda de fome em massa cujos efeitos foram desconsiderados por Mao, causando pelo menos 20 milhões de mortes. Suas metas modernizantes foram destroçadas diante da realidade. Entretanto, o retorno a um modelo econômico mais pragmático na agricultura e na indústria, com o término do plano em 1962, não arrefeceu o entusiasmo de Mao pela renovação revolucionária, nem pelo sucesso ideológico. A essa altura, a aliança com a União Soviética havia sido rompida em cizânia, e as críticas soviéticas ao radicalismo de Mao incentivaram-no a levar adiante suas ações em vez de moderá-las.

10. O presidente Mao com representantes da geração mais jovem em sua cidade natal, Shaoshan, durante o Grande Salto para Frente, em 1959.

Isso gerou a última e mais bizarra das campanhas que marcaram a China de Mao: a Revolução Cultural, de 1966 a 1976. De fato, a parte da Revolução Cultural que permanece na memória popular – os Guardas Vermelhos adolescentes perseguindo seus professores, multidões imensas de jovens na Praça Tian'anmen esperando para ver o presidente Mao – data da primeira fase, ou seja, de 1966 a 1969. Contudo, toda a década evidenciou a arregimentação final para um tipo particular de modernidade contraditória em si mesma que Mao esperava instilar: um Estado industrializado que valorizasse a mão de obra camponesa e fosse livre da influência burguesa da cidade.

Mao havia se preocupado cada vez mais com a possibilidade de a China pós-Salto estar escorregando para o "economismo" – uma satisfação complacente com padrões crescentes de vida que embotava o fervor revolucionário do povo. Além disso, em meados da década de 60, chegava à idade adulta a primeira geração que nunca conhecera outra vida senão aquela sob o PCC e que, portanto, não tinha experiência pessoal da pobreza e das guerras que haviam afligido a geração de seus pais. Por essas razões, Mao decidiu que devia ser lançada uma campanha maciça de renovação ideológica, na qual ele atacaria o próprio partido.

Mao ainda era a figura dominante no PCC e empregou seu prestígio para solapar os colegas. No verão de 1966, cartazes conspícuos com grandes letras manuscritas apareceram em locais proeminentes, inclusive na Universidade de Peking, exigindo que figuras como Liu Shaoqi (presidente da RPC) e Deng Xiaoping (membro sênior do Politburo) fossem condenados como "adeptos do caminho capitalista". O mundo exterior via, sem compreender, os principais líderes desaparecerem repentinamente para serem substituídos por desconhecidos, como a mulher de Mao, Jiang Qing, e seus associados, mais tarde apelidados "a Gangue dos Quatro". Enquanto isso, tornou-se dominante um culto generalizado à personalidade de Mao. Um milhão de jovens de cada vez, conhecidos como "Guardas Vermelhos", amontoava-se para escutar Mao na Praça Tian'anmen. Cartazes e retratos dele estavam por toda a parte; cerca de 2,2 bilhões de distintivos de Mao foram fundidos em 1969. A devoção pessoal a ele era então essencial. Por exemplo, em junho de 1966, os Guardas Vermelhos da escola secundária ligada à Universidade Qinghua declararam, em um juramento de lealdade:

Somos a Guarda Vermelha do presidente Mao, e o presidente Mao é o nosso maior líder [...] Temos uma confiança ilimitada no povo! Temos o ódio mais profundo pelos nossos inimigos! Na vida, lutamos pelo partido! Na morte, entregamo-nos pelo bem do povo! [...] Com nosso sangue e nossas vidas, juramos defender o presidente Mao! Presidente Mao, temos uma fé ilimitada em você!

A Revolução Cultural não foi somente uma luta pelo poder entre os líderes. A retórica que dela fluía mostrava que não era apenas um movimento de grande convicção ideológica, mas um processo que, apesar da aparente irracionalidade, refletia enfaticamente um tipo particular de modernidade. "A Grande Revolução Cultural Proletária que ora se desenrola é uma grande revolução que atinge as próprias almas das pessoas", começava a "Decisão sobre a Grande Revolução Cultural Proletária" do Comitê Central (8 de agosto de 1966). Os Guardas Vermelhos, jovens chineses que eram encorajados

11. Membros da Comuna Xiangyang em Jiangsu executam uma dança "anti-Confúcio" durante os dias finais da Revolução Cultural.

a se levantar contra seus familiares mais velhos, seguiam o chamado da revolução: "A dialética revolucionária nos diz que as forças recém-nascidas são invencíveis, que elas inevitavelmente crescem e se desenvolvem na luta, derrotando por fim as forças decadentes. Portanto, vamos cantar loas ao novo, louvá-lo, tocar os tambores para encorajá-lo, bater o gongo para lhe abrir caminho e erguer as mãos bem alto para saudá-lo". Essa era a política moderna do Estado totalitário. Assim como Stálin tinha caracterizado a tarefa dos artistas patrocinados pelo partido na União Soviética como "os engenheiros das almas humanas", também a Revolução Cultural foi realizada com a intenção de gerar uma reorganização da sociedade chinesa para que se tornasse um agrupamento de cidadãos renovados e autoconscientes, finalmente livres dos grilhões do passado. Como seus predecessores revolucionários na União Soviética e até mesmo na França do século XVIII, os Guardas Vermelhos não se constrangiam em admitir que suas táticas eram violentas: "Hoje vamos espalhar o Terror Vermelho e amanhã vamos espalhar o Terror Vermelho. Enquanto houver situações que não estão de acordo com o pensamento de Mao Zedong, devemos nos rebelar e espalhar o Terror Vermelho!".

Com sua ênfase obsessiva na violência como uma força supostamente desejável e transformadora, a Revolução Cultural foi um movimento altamente moderno. Ainda que Mao o tivesse começado e apoiado, ela também contava com um apoio muito difundido: era um movimento político genuinamente de massa que deixou em muitos jovens a sensação de que estavam vivendo os melhores dias de suas vidas. Era fortemente anti-intelectual e xenófobo, condenando aqueles, como médicos ou professores, que eram acusados de ser "especialistas" em vez de "vermelhos" e lançando suspeitas sobre qualquer um que tivesse conexões com o mundo exterior, fosse o Ocidente ou a União Soviética. Entretanto, recorria também à convicção de Mao de que o partido havia se tornado fraco e demasiado confortável no poder, obcecado por questões urbanas. Movimentos como o programa "doutor descalço" deslancharam durante esses anos. Desdenhando o Ministério da Saúde como o "Ministério da Saúde dos Cavalheiros Urbanos", Mao promoveu uma política segundo a qual os próprios camponeses vinham a ter a oportunidade de aprender a medicina básica e providenciar cuidados médicos nas vilas. Embora inadequado sob vários aspectos, o programa levou cuidados médicos a regiões da China que haviam desfrutado muito pouco desses recursos mesmo nos anos após 1949.

Mas a Revolução Cultural não podia durar. Preocupado com a crescente violência nas ruas, o ELP forçou os Guardas Vermelhos a voltar para casa em 1969. As políticas da Revolução Cultural continuaram como dogma oficial até 1976. Entretanto, desde o início da década de 70, iniciaram-se mudanças profundas na política chinesa. Era evidente que a longa política de isolamento não estava funcionando. O período, porém, presenciou uma extraordinária reaproximação entre os Estados Unidos e a China, que não mantinham relações oficiais desde 1949: o primeiro estava ansioso para se livrar do atoleiro do Vietnã, enquanto a última estava aterrorizada com o possível ataque da então hostil União Soviética e abalada com o repentino afastamento e subsequente morte em um acidente aéreo do provável sucessor de Mao, o ministro da Defesa Lin Biao. Manobras diplomáticas secretas acabaram por desembocar na visita oficial do presidente dos Estados Unidos, Richard Nixon, à China em 1972, o que deu início à reabertura do país ao Ocidente, embora mais de uma década se passasse antes que chineses e estrangeiros comuns fossem capazes de se encontrar em grupos de qualquer tamanho na própria China. Lentamente, a Revolução Cultural começou a derreter, e esse derretimento seria acelerado pela morte de seu arquiteto.

Gaige kaifang: reforma e abertura

Mao morreu em 1976. Seu sucessor foi o pouco conhecido Hua Guofeng. Em dois anos, Hua havia sido ultrapassado pelo maior sobrevivente da política chinesa do século XX, Deng Xiaoping, que ingressara no PCC em 1924. Fora expurgado duas vezes durante a Revolução Cultural, mas suas conexões eram fortes o suficiente para mantê-lo a salvo, e depois da morte de Mao ele conseguiu chegar à suprema liderança no PCC com um programa surpreendentemente diferente do proposto pelo falecido presidente. Deng tomou como lema pessoal o slogan "Procure a verdade dos fatos", um slogan que Mao havia realmente empregado na década de 30, mas que Deng adotou para indicar que ele sentia que a verdade e os fatos haviam estado ausentes da cena política durante a Revolução Cultural.

Em particular, Deng reconhecia que o anti-intelectualismo e a xenofobia profundos da Revolução Cultural estavam sendo nocivos para a China em termos econômicos. Ele adotou um lema político originalmente inventado pelo pragmático primeiro ministro de Mao, e segundo na hierarquia, Zhou Enlai: as "Quatro Modernizações". Tratava-se efetivamente de uma admissão dos líderes moderados do PCC de que a Revolução Cultural havia desviado a China do caminho da genuína modernização. Agora, a tarefa do partido seria colocar o país no caminho correto em quatro áreas: agricultura, indústria, ciência e tecnologia e segurança nacional.

Para atingir esse objetivo, muitas das ideias da era Mao foram abandonadas. A primeira medida, altamente simbólica, da "era das reformas" (como é conhecido o período desde 1978) foi o desmonte, ao longo do tempo, das fazendas agrícolas coletivas que haviam sido instituídas sob o governo de Mao. Os agricultores, em particular, podiam vender uma proporção cada vez maior de suas safras no mercado livre, e afirmou-se explicitamente que as safras para venda no mercado e os pequenos lotes privados de terra eram uma parte essencial da economia e não sofreriam interferência. As áreas urbanas e rurais também foram encorajadas a montar pequenas empresas locais ou familiares, tendo sido registradas quase 12 milhões dessas empresas em 1985.

A igualdade econômica já não era a meta do governo. "Enriquecer é glorioso", declarou Deng, acrescentando: "Não importa se algumas áreas enriquecem primeiro". Como parte desse estímulo ao empreendedorismo, Deng designou quatro áreas na costa da China como Zonas Econômicas Especiais, que seriam particularmente atraentes aos investidores estrangeiros, acabando assim com a predileção pela autossuficiência que havia marcado a economia na era de Mao (ver Capítulo 5).

No entanto, as portas só foram abertas até certo ponto. Em dezembro de 1978, um jovem chamado Wei Jingsheng usou a nova abertura para exigir "a Quinta Modernização" – a verdadeira democracia na China. Foi logo preso e permaneceu na prisão quase ininterruptamente até 1997, quando foi exilado para os Estados Unidos. Ainda assim, a década de 80 foi marcada por uma abertura notável, maior do que a observada durante o governo de Mao. Na política, o impulso de renovação tornou-se ligado a um desejo poderoso de reabrir a China para o mundo exterior. Em 1978, foram finalmente estabelecidas plenas relações diplomáticas entre a China e os Estados Unidos. Desde o início da década de 80, muitos turistas e estudantes estrangeiros começaram a visitar a China, exatamente quando uma nova geração de chineses começou a estudar e estabelecer negócios no exterior.

Deng Xiaoping era sem dúvida a figura mais eminente do partido e deixou claro que apoiava a reforma econômica na maior velocidade possível. Na década de 80, a União Soviética ainda estava intacta, mas o Ocidente considerava esse país um gigante hostil e estagnado, ao menos até a chegada de Mikhail Gorbatchov ao poder, em 1985. Em oposição, a China parecia ser o gigante comunista que o Ocidente gostava de apreciar. Desejoso de desenvolver a economia, amistoso em relação aos Estados Unidos, Deng Xiaoping chegou a visitar o Texas e usou um chapéu de caubói num rodeio. Enquanto isso, na China, outros tipos de caubóis também descobriam suas oportunidades, à medida que a economia crescia aos solavancos. Notoriamente, em 1985, o chefe do partido da ilha de Hainan, Lei Yu, havia usado moeda estrangeira para importar 79.000 carros estrangeiros, 347.000 televisões e 45.000 motocicletas com o objetivo de revender as mercadorias a preços inflacionados. (Lei Yu foi reabilitado em 1988, e seu comportamento era apenas o exemplo mais ultrajante de um difundido fenômeno de corrupção.)

12. As reformas econômicas que transformaram a China maoísta são associadas sobretudo a Deng Xiaoping, líder supremo de 1978 a 1997, que aparece reproduzido no pano de fundo, enquanto turistas tiram fotos.

O sinais de que a economia devia mudar e crescer eram inequívocos. Na esfera política, porém, os sinais estavam misturados. Deng havia apoiado a subida ao poder de Hu Yaobang, um relativo liberal do Politburo, sob cuja influência houve uma elevação significativa no nível dos debates em revistas e instituições de pesquisa e consultoria, que antes tinham estado sob a influência moribunda de uma linha partidária monolítica. Deng admitia sem nervosismo uma certa dose de impureza ideológica decorrente das reformas: "Se abrimos a janela", observou, "entram algumas moscas". Mas nem todos os líderes eram tão otimistas. Chen Yun, o planejador central arquetípico, e Hu Qiaomu, o chefe da propaganda, estavam entre aqueles que se preocupavam com o materialismo e a vacuidade ideológica observados na era da reforma na China. Eles apoiavam uma série de campanhas, intituladas "poluição antiespiritual" e "civilização espiritual", em que influências nocivas do mundo capitalista eram condenadas. Na década de 80, a tendência da política foi de abertura, apenas para ser parcialmente revertida depois de alguns anos. Mas o movimento parecia ser inevitavelmente em direção a uma sociedade mais livre, orientada para o mercado.

O grupo que se beneficiou de forma considerável com as reformas, em contraste com a Revolução Cultural, foram os "intelectuais": uma categoria heterogênea na compreensão dos chineses, que inclui tanto acadêmicos e estudantes quanto pensadores mais abstratos. Já não eram chamados de a "nona malcheirosa" (isto é, a nona classe de indesejáveis na terminologia da Revolução Cultural). Em vez disso, a educação era estimulada, pois a China então se esforçava para melhorar sua infraestrutura científica e tecnológica. Mas as novas liberdades de que os intelectuais desfrutavam aumentaram seu desejo de mais liberdade. Depois de protestos estudantis de 1985 a 1986 que exigiam maior abertura do partido, Hu Yaobang foi forçado a renunciar em 1987 e a assumir a responsabilidade por permitir que as forças sociais escapassem ao controle. Foi substituído como secretário

13. No dia 4 de maio de 1989, exatamente setenta anos depois das manifestações do Quatro de Maio original em 1919, estudantes mais uma vez pedem a "sra. Democracia" na Praça Tian'anmen. Um mês mais tarde, tanques e soldados esvaziariam a praça à força, matando um grande número de pessoas.

geral por Zhao Ziyang, que era considerado um reformador econômico politicamente menos liberal, embora dotado de igual força. Entretanto, as queixas dos intelectuais não eram apenas abstratas. A maioria deles – em particular os acadêmicos e estudantes nas universidades – vivia com rendas fixadas pelo Estado e, quando a inflação começou a subir na China recém-rica da era das reformas, eles começaram a sentir que sua renda estava rapidamente se tornando insuficiente para cobrir suas necessidades.

Em abril de 1989, Hu Yaobang morreu. Era uma tradição de muitos anos na China que a morte de uma figura respeitada desencadeasse manifestações. Nesse caso, estudantes em vários pontos da China aproveitaram a ocasião de sua morte para organizar protestos contra o papel continuado do PCC na vida pública. Na Universidade de Peking, o terreno que gerou as demonstrações de Quatro de Maio de 1919, os estudantes publicaram revistas com títulos como "Novo Quatro de Maio" e declararam a necessidade de dar nova vida a "ciência e democracia", as senhas modernizadoras de 80 anos antes. No próprio 4 de maio de 1989, os que protestavam na Praça Tian'anmen levantavam cartazes, escritos em chinês e inglês, que diziam "Alô, sra. Democracia!", uma clara referência ao duo de Quatro de Maio, "sra. Ciência e sra. Democracia", que havia sido incumbido da tarefa de salvar a China 70 anos antes.

Na primavera de 1989, a Praça Tian'anmen em Beijing foi o cenário de uma demonstração sem precedentes. No seu auge, quase um milhão de trabalhadores e estudantes chineses, em uma rara aliança entre as classes no final do século XX, encheu o espaço diante do Portão da Paz Celestial. O PCC ficou profundamente desconcertado com o fato de que a mídia mundial registrou os acontecimentos: os manifestantes haviam estado na praça para uma ocasião histórica, a primeira visita do líder soviético reformista, Mikhail Gorbatchov, mas o evento tornara-se uma farsa quando Gorbatchov foi escoltado por um trajeto alternativo para se evitar que visse as manifestações. Em junho de 1989, os números na praça tinham diminuído para apenas alguns milhares, mas eles não davam sinais de querer arredar pé. Na noite de 3 para 4 de junho, o partido agiu enviando tanques e veículos blindados com tropas. O número de mortos nunca foi oficialmente confirmado, mas parece provável ter sido muitas centenas ou até mais. Centenas de pessoas associadas ao movimento foram detidas, encarceradas ou forçadas a fugir para o Ocidente. A muitos parecia que os linhas-duras tinham vencido e que a chance para "a ciência e a democracia" havia terminado.

A China desde 1989

Em retrospectiva, agora que já se passaram duas décadas desde os eventos na Praça Tian'anmen, o surpreendente é o que *não* aconteceu. A China não mergulhou em uma guerra civil, como muitos temiam; não reverteu as reformas econômicas; não se fechou para o mundo exterior. Durante cerca de três anos, a política ficou realmente congelada. As tendências liberais, que haviam alimentado os protestos dos últimos anos da década de 80, eram agora consideradas "maus ventos do liberalismo burguês". Mas em 1992, Deng, o homem que enviara os tanques, tinha 88 anos. Devia saber que seu legado ameaçava ser semelhante ao de Gorbatchov, um reformador visto, ao menos por olhos chineses, como fracassado. Naquele ano, ele realizou o que foi ironicamente chamado de "circuito pelo sul", o termo chinês, *nanxun*, referindo-se ao imperador que visita seus domínios mais remotos. Ao visitar Shenzhen, a cidade mais ao sul, na fronteira com Hong Kong (e aparecendo aos repórteres locais num buggy de golfe percorrendo um parque temático), Deng indicava que as políticas econômicas da reforma não seriam abandonadas. Ele tinha feito outras escolhas importantes. Jiang Zemin, o prefeito de Shanghai, havia efetivamente dispersado manifestações na cidade de um modo que as autoridades em Beijing não tinham conseguido realizar. Foi preparado como o sucessor de Deng, tendo sido nomeado secretário geral do PCC em 1989. Além disso, sua cidade natal, Shanghai, recebeu finalmente a permissão de atrair investimentos estrangeiros em uma escala pródiga, depois de ter sido mantida à rédea curta no governo de Mao e no período inicial da reforma. Durante um século, de 1840 a 1940, Shanghai havia sido o motor da indústria, do comércio e da cultura da China, uma metrópole de ar estrangeiro que se considerava uma cidade cosmopolita, e não apenas chinesa. Agora recebia a permissão de recriar a experiência.

A liderança pós-Deng tem assumido uma espécie de padrão. Jiang Zemin, o antigo prefeito de Shanghai, tornou-se o sucessor de Deng em 1989. O XIV e o XV Congressos do PCC, realizados em 1992 e 1997, anunciaram outro período de cinco anos para Jiang como secretário geral do Partido; porém, apesar de fortes rumores de que ele desejava continuar no posto, o XVI e o XVII Congressos do PCC, ocorridos em 2003 e 2007, confirmaram Hu Jintao como sucessor de Jiang. É também possível detectar mudanças na ênfase das políticas entre os dois líderes. O período de Jiang no cargo foi marcado por um arriscado entusiasmo pelo desenvolvimento econômico junto com uma reforma política cautelosa (por exemplo, o aumento do número de eleições locais no nível de aldeias, mas certamente nenhum passo para a democracia em níveis mais elevados). Desde 2002, Hu e seu primeiro ministro, Wen Jiabao, têm feito mais esforços para lidar com a desigualdade e a pobreza no campo, e esse continua a ser um interesse crucial do partido junto com a reforma do próprio PCC (como providenciar mais mecanismos para uma genuína discussão no partido e a indicação de algumas figuras que não fazem parte dele para cargos ministeriais e outras posições proeminentes).

Desde a década de 90, a China tem adotado precipitadamente a reforma econômica. Sua política não tem o interesse liberal – quase ingênuo – pelo Ocidente que tinha na década de 80. Um dos intelectuais mais influentes do início do século XXI, o filósofo Wang Hui, declarou que a onda do "Novo Iluminismo" da década de 80, que em última análise causou os eventos na Praça Tian'anmen, foi

> incapaz de chegar a uma compreensão do fato de que os
> problemas da China são também os problemas do mercado

capitalista mundial [...]. Enfim, foi incapaz de reconhecer a futilidade de usar o Ocidente como um padrão de comparação na crítica da China.

Contudo, sob vários aspectos, o chinês é hoje muito mais influenciado pela modernidade globalizada do que até mesmo na década de 80. A China tem colocado o desenvolvimento científico no centro de sua busca de crescimento, enviando não só centenas, mas dezenas de milhares de alunos ao exterior para estudar ciência e tecnologia, assim como o governo nacionalista da década de 30 tentou desenvolver um núcleo nativo de engenheiros e técnicos.

O país tem igualmente um poderoso papel internacional no início do século XXI. A China é membro permanente do Conselho de Segurança da ONU, embora em raras ocasiões use seu poder de veto, e no mundo pós-11 de setembro tem enfatizado a necessidade de uma diplomacia mais tranquila em vez de uma retórica em altos brados. Por essa razão, tem sido cada vez mais considerada um mediador honesto em arenas como o Oriente Médio. A China, da mesma forma, tem procurado influenciar econômica e diplomaticamente a África e a América do Sul, aproveitando uma suspeita generalizada em relação à ordem ocidental pós-Guerra Fria que prospera no Terceiro Mundo. A postura internacional do governo Bush nos Estados Unidos (2001-2008) era geralmente avessa a estruturas cooperativas, e a China aproveitou-se disso para se retratar como uma potência moderada à procura de consenso na ordem internacional. Além disso, a desordem do governo americano causada pelos efeitos da Guerra do Iraque (2003) significou que a China estava mais livre para desenvolver seus próprios interesses no leste da Ásia. Entretanto, a preferência da China por se manter neutra, mas amistosa, talvez não possa durar muito tempo no novo século: as crises no Oriente Médio, a península da Coreia e a competição renhida pelos recursos minerais na África ou por recursos energéticos em todo o globo significam que a China está tendo de fazer escolhas difíceis sobre quais nações deseja favorecer.

O nacionalismo também se tornou um grito popular de arregimentação interna. Isso não significa necessariamente xenofobia ou antiestrangeirismo, embora haja ocasiões (como a reação ao bombardeio da embaixada chinesa em Belgrado por parte da OTAN durante a Guerra de Kosovo) que têm gerado violência contra alvos e indivíduos estrangeiros. Mas é claro que o próprio povo da China considera que chegou a hora do país e que eles devem opor-se a tentativas – quer do Ocidente, quer do Japão – de impedir que a China ocupe o palco central na região.

Uma política moderna?

Um descrição corrente dos líderes chineses do século XX, particularmente Mao, é que procuraram tornar-se, eles próprios, novos imperadores. Embora seja uma imagem sucinta e vívida, a comparação é desorientadora. Ela realça o elemento exótico da política chinesa e oculta a realidade de que muitas das concepções e dos modelos que têm dado forma ao pensamento político chinês neste século são profundamente modernos e, na verdade, semelhantes aos do Ocidente.

A política chinesa, desde o último período da dinastia Qing, tem sido dependente do nacionalismo, uma ideia cuja legitimidade reside no povo como um corpo autônomo e que propõe o Estado forte como um árbitro racional do poder. Baseava-se na política de massa segundo a qual havia um contrato social entre governo e cidadãos. Embora o modo confuciano de governança também encarne uma espécie de contrato social entre o imperador e os súditos, ele não considerava correto que o povo detivesse, ele próprio, poder qualquer – um modo profundamente não moderno de pensamento. Isso não significa que o passado confuciano tenha simplesmente desaparecido com a chegada da política moderna. Por exemplo, muitas concepções provenientes de um confucionismo modernizado permaneceram, como as ideias de hierarquia e responsabilidade mútua. Mas essas ideias foram adaptadas pelo contato com as concepções modernas sobre a participação da massa e a legitimidade derivada do povo, bem como a importância do eu individuado.

Há uma ironia final, sugerida mas não afirmada, no modo como este capítulo retratou a política desde 1928, como uma mudança do bastão do poder para uma política mais ampla e consistente de modernidade. A forma política da China atual – um Estado de partido único que ainda permite uma dose significativa de autonomia individual, um Estado poderoso com um papel cooperativo na ordem internacional e uma economia semicapitalista altamente bem-sucedida em que o Estado e o partido ainda desempenham um papel integrante significativo – significa que o Partido Comunista de nossos dias tem essencialmente criado o Estado antes buscado pela ala progressista dos nacionalistas na década de 30 e não o Estado idealizado pelos comunistas radicais dominantes na década de 60. Pode-se imaginar o fantasma de Chiang Kaishek errando pela China atual e movendo a cabeça em aprovação, enquanto o fantasma de Mao segue atrás dele, lamentando a destruição de sua ideologia. As concepções intelectuais por trás dos nacionalistas e comunistas no século passado eram semelhantes em muitos aspectos importantes, tornando esse aparente paradoxo perfeitamente compreensível, se examinado em uma relativa *longue durée* que recue até antes de 1978 ou 1949.

Capítulo 4

A sociedade chinesa é moderna?

Zou Taofen, um dos jornalistas mais famosos da China na década de 20, escreveu em 1927 um ensaio intitulado "Igualdade":

> A inteligência ou a força natural nem sempre é igual em todas as pessoas. Porém, se cada pessoa desenvolve sua inteligência para o serviço e a moralidade [...] a fim de contribuir para a massa da humanidade, ela pode ser considerada igual. Essa é a *verdadeira* igualdade.

As sociedades modernas, tanto as ditaduras quanto as democracias, traem o ideal da igualdade o tempo todo. Mas ainda estão comprometidas, em sua retórica mais básica, com uma sociedade que destrói as hierarquias e procura, ainda que imperfeitamente, a igualdade como meta. A sociedade chinesa mudou sob uma miríade de aspectos nos últimos cem anos, quer na natureza da propriedade de terras, nas relações entre os homens e as mulheres ou entre o campo e a cidade, quer nos deveres e obrigações devidos mutuamente pelo Estado e pelo povo. Este capítulo examina algumas dessas áreas para questionar até que ponto a sociedade chinesa tornou-se moderna e se isso aconteceu em oposição, ou de forma complementar, à busca por manter sua identidade como distintamente chinesa.

Homens e mulheres

Uma das áreas mais importantes em que a busca de igualdade tem sido mais feroz são os papéis mutáveis dos homens e das mulheres. É famosa a declaração de Mao Zedong de que "as mulheres erguem metade do céu", uma repreensão às gerações de homens chineses que consideravam as mulheres inferiores. Entretanto, seria errado tomar a avaliação de Mao e de outros revolucionários do século XX por seu valor nominal e simplesmente considerar as mulheres da China imperial tardia como uma massa oprimida, indiferenciada, ou supor que a era moderna tem propiciado às mulheres chinesas da atualidade uma "libertação" pouco complicada.

Até que ponto mudou o papel das mulheres na sociedade chinesa desde a era imperial? "Pés não enfaixados" tem sido a metáfora duradoura da mudança no status das mulheres na China entre as eras pré-moderna e moderna. Do século X em diante, por razões que ainda não são claras, desenvolveu-se a moda de as chinesas terem os pés enfaixados com bastante força desde a tenra idade, o que deformava o pé e deixava-o encolhido, anormalmente pequeno

14. Durante séculos, as mulheres chinesas tinham os pés enfaixados desde a tenra idade para que eles nunca atingissem seu tamanho pleno. O costume foi abolido depois da ação dos reformadores no final do século XIX e início do século XX.

por toda a vida. De certa forma, isso era surpreendente, pois as normas confucianas desaprovavam a mutilação do corpo. Mas a tendência espalhou-se, e no século XVII o escritor Li Yu escreveu sobre as mulheres de Lanzhou, no oeste da China: "Os pés [...] medem quando muito oito centímetros, alguns são até menores. [...] Ao lado delas, na cama, é difícil parar de acariciar o seu lótus dourado. Nenhum outro prazer de brincar com as cortesãs supera essa experiência". Nem todas as mulheres enfaixavam os pés; este não era o costume entre as camponesas da subetnia Hakka, nem entre as mulheres manchus durante a dinastia Qing. Porém, para a imensa maioria das mulheres que aspiravam a uma vida respeitável, isso era essencial. A mãe que não enfaixava os pés da filha lhe causava um enorme prejuízo, pois pés enormes e feios significariam pouca perspectiva de um bom casamento.

As oportunidades para as mulheres eram restritas em toda parte da China imperial. Elas não podiam ingressar na burocracia, tampouco havia muitas oportunidades para que se tornassem negociantes. A cultura confuciana considerava as mulheres intelectualmente menos capazes do que os homens. Contudo, na era imperial tardia, era perfeitamente normal que as famílias ricas insistissem para que as mulheres fossem alfabetizadas. Em especial, as mulheres da elite, durante o início da era Qing (séculos XVII e XVIII), desenvolveram voz pública própria em uma área específica: o mercado de publicações. Esse período coincidiu com um crescimento das publicações em massa feitas com tábuas xilográficas (ver Capítulo 6), e as escritoras da época aproveitaram a existência de um novo público leitor para divulgar suas visões e seus interesses. A dinastia Ming tinha visto uma cultura de cortesãs letradas tornar-se parte da cultura de elite, enquanto na dinastia Qing as novas normas de controle sexual significavam que as mulheres castas (as viúvas em particular) eram elogiadas. Mas essa última mudança não alterou o fenômeno de mulheres escrevendo sobre suas vidas. Os grandes administradores Chen Hongmou e Yuan Mei, da dinastia Qing, eram bastante favoráveis à educação literária para mulheres, mesmo afirmando sua crença na menor capacidade inerente a elas.

Todavia, houve ainda uma mudança genuína no final do século XIX, que presenciou um colapso significativo nas relações hierárquicas entre as mulheres e os homens, particularmente as mulheres pobres que não teriam participado da cultura escrita de elite de suas contemporâneas mais ricas. Desenvolveu-se então um movimento intelectual considerável em favor dos direitos das mulheres. Kang Youwei, um dos reformistas mais proeminentes do final do século XIX, cujas visões eram confucianas, propunha uma nova sociedade em que homens e mulheres seriam iguais e em que os casamentos funcionariam na base de contratos renováveis de um ano. Mao Zedong, nos primeiros dias da nova república, publicou uma série de ensaios em Changsha analisando o destino da srta. Zhao, uma jovem que havia cometido suicídio em vez de aceitar um casamento forçado, e descrevendo seu dilema da maneira mais inflexível:

> Todos os progenitores chineses estupram indiretamente seus filhos e suas filhas. Essa é a conclusão que surge de forma inevitável no sistema familiar chinês de "autoridade parental" e no sistema de casamento em que há uma "política de arranjo parental".

Periódicos como *Jornal das senhoras* e *A nova mulher*, bem como ensaios sobre o "problema da mulher" na revista *Nova juventude*, eram publicados nas principais cidades da China. A ideia da "nova mulher", autônoma, profissional e urbana, era global durante os anos entreguerras, visível em lugares tão distantes quanto os Estados Unidos e a Índia. Porém, o notável na China é que muitos dos textos feministas relativos à "nova mulher" e ao seu papel eram escritos por homens. Isso refletia uma tendência que tornaria a aparecer durante todo o século: em geral, o papel das mulheres na China era controlado pelos homens, por mais compreensivos que eles pudessem ser. Em casos de menos simpatia, o feminismo era considerado uma falha moral: em 1927, os ativistas nacionalistas que perseguiam ativistas esquerdistas consideravam as mulheres de cabelos curtos perigosamente subversivas, merecendo ser presas ou executadas.

Apesar disso, o final do século XIX e o início do século XX desenvolveram uma variedade de mudanças na sociedade chinesa que acabaram transformando o status das mulheres. A mudança social mais significativa, que afetou a sociedade em todos os níveis, tanto na cidade quanto no campo, foi o fim da prática antiga de enfaixar os pés (que já não era observada na década de 20). À exceção do fim do enfaixe dos pés, a maior parte das mudanças sociais para as mulheres na China pré-1949 estava concentrada na cidade. Quando o conceito da "nova mulher" ficou bem conhecido entre as elites urbanas, a personagem de Nora, da peça de Ibsen *A casa de bonecas*, tornou-se um poderoso modelo de comportamento: Nora sai de casa no final da peça, abandonando o marido e os filhos para encontrar um papel independente para si mesma. No entanto, a sociedade como um todo mudou menos rapidamente do que as aspirantes a Noras teriam desejado. O escritor Lu Xun fez uma pergunta incisiva: "O que acontece depois que Nora sai de casa?". Mesmo assim, havia oportunidades que simplesmente não existiam algumas décadas antes. As mulheres tornavam-se jornalistas, advogadas e estudantes: a educação, particularmente em nível universitário, era a prerrogativa de um número muito pequeno de homens e mulheres, mas os radicais universitários estavam no coração do pensamento feminista da época.

Até mesmo a política da corrente dominante encontrava um papel para as mulheres. O movimento comunista exagerava seu comprometimento com a igualdade de gênero desde seus primórdios. A realidade nem sempre era tão clara: Xiang Jingyu, a mulher mais proeminente no PCC na década de 20, descobriu que seus interesses feministas eram repetidamente marginalizados para que o partido pudesse conviver com os preconceitos dos homens rurais, que eram naquela época seu principal alvo. Embora o Partido Nacionalista, no governo desde 1928, tenha feito pouco para desafiar os papéis de gênero, ele concedeu às mulheres direitos de cidadania e (teoricamente) direitos iguais de status no casamento e no tocante a heranças. As mulheres urbanas mais pobres encontraram oportunidades na maciça transformação social da época. Como a modernidade capitalista introduziu fábricas nas cidades chinesas, em particular Shanghai, as mulheres das zonas rurais eram recrutadas do campo para trabalhar nas fábricas que produziam o tecido de seda e algodão que sustentava a indústria têxtil. Esses empregos eram opressivos e perigosos, além de pagarem pouco; contudo, marcaram um deslocamento das mulheres comuns, que deixaram os confins da indústria de pequena escala na aldeia, ligada às suas famílias, para um modo de vida urbano e mais autônomo. Para as mulheres que permaneceram no campo, porém, a mudança ainda demoraria para chegar.

O acontecimento mais devastador do século XX na China, a Guerra Sino-Japonesa (ou Guerra de Resistência ao Japão), mudou a sociedade de cima para baixo. Isso incluía a devastação da sociedade assentada em aldeias que ainda dominava a China rural. Nas áreas controladas pelos comunistas, as condições da guerra eram usadas para criar movimentos sociais radicais que acabariam remodelando o país no pós-guerra e nos quais os papéis tradicionais de gênero seriam ainda mais solapados.

Em 1949, a vitória do PCC "subverteu o céu e a terra". As décadas seguintes seriam um período ambivalente para as chinesas. O Grande Salto para Frente acabou causando a onda de fome mais devastadora da China no século XX, e é por esse desastre que seus efeitos devem ser essencialmente julgados. Entretanto, ele também marca o início do período em que os papéis das mulheres passaram a ser notavelmente iguais. A Revolução Cultural, em contraste, ofereceu uma visão muito mais ambivalente das mulheres. Embora enfatizasse a igualdade social e apreciasse derrubar barreiras, a ênfase da Revolução Cultural na violência e na mudança radical logo deixou claro que ela adotava valores masculinos como padrão. Nos vívidos cartazes socialistas da era, as mulheres eram mostradas manejando rifles; não se mostravam os homens alimentando bebês. Além disso, a atenção insuportavelmente focada nas vidas privadas das pessoas durante a Revolução Cultural provocava acusações lascivas, em geral contra as mulheres, cada pequeno detalhe sendo tão crítico quanto os da era pré-moderna que Mao tinha condenado. Contudo, havia mais funcionárias no partido e operárias individualmente remuneradas na economia do que em qualquer outro ponto na história chinesa.

A era da reforma depois de 1978 testemunhou um afrouxamento da sociedade em todas as áreas. Tanto para as mulheres como para os homens, foram removidas algumas das claustrofóbicas restrições da Revolução Cultural. O romantismo já não era uma recaída burguesa, nem tampouco o uso de roupas elegantes ou maquiagem. Mas o igualitarismo social da era anterior deu lugar, em parte, a um tipo de paternalismo familiar do passado. No país, o número de funcionárias do partido, tanto no nível local quanto no da elite, caiu drasticamente. No mercado de mão de obra, as mulheres consideravam mais difícil arranjar empregos, porque seus possíveis empregadores supunham que elas logo abandonariam seus cargos para ter filhos (e não queriam se preparar para essa eventualidade). O PCC fez muito para impor que viúvas e filhas tivessem direito a uma cota igual da herança; porém, mesmo hoje em dia, especialmente na China rural, as ideias pré-modernas de que os homens têm prioridade na herança continuam fortes (ainda que as mulheres, em algumas circunstâncias, pudessem herdar propriedades na China imperial tardia).

O aspecto mais notável de todos é a era ter presenciado a chegada da "política do filho único". Preocupado com a explosão da taxa de crescimento da população, em 1979 o governo impôs restrições severas ao número de filhos que uma família poderia ter. Embora as regras tenham mudado um pouco desde que foram iniciadas, de modo geral a família urbana tem permissão para um único filho e as famílias rurais podem ter um segundo filho, se o primeiro for menina. A política tem sido justificada por razões demográficas. Porém, coloca um ponto de interrogação diante do compromisso do governo com a igualdade. Primeiro, o ônus de impedir a gravidez é imposto diretamente (se não explicitamente) às mulheres, tornando essa ação uma responsabilidade pessoal e biológica da qual a sociedade mais ampla, e os homens em geral, estão escusados. E a permissão para que as famílias rurais tentem de novo, se a primeira criança for uma menina, admite efetivamente que as antigas hierarquias confucianas no campo são imutáveis e que, antes de mais nada, deve-se condescender com o desejo de ter um menino. Mas a política está tendo outro efeito que só será visto em décadas futuras: a China está envelhecendo com rapidez. Cerca de 140 milhões de chineses são idosos (isto é, cerca de 10% da população) no início do século XXI; em 2025, as estimativas da ONU sugerem que haverá 326 milhões de chineses com mais de 50 anos e menos de 278 milhões com menos de 20 anos.

A mistura de atitudes antigas com a nova tecnologia tem produzido na China efeitos imprevistos e potencialmente danosos. O emprego da ultrassonografia para descobrir o sexo de uma criança antes do nascimento tem provocado um grande número de abortos de fetos femininos, criando um grave desequilíbrio de gênero em certas regiões da China. Na província Henan, em 2007, a venda de pílulas abortivas sem prescrição médica foi fortemente restringida, quando ficou evidente que estavam sendo usadas para abortar fetos femininos. No entanto, tem sido difícil impor esse tipo de regulamento na China da era reformista, e ainda não está clara a solução a longo prazo para esse problema.

Guerra e sociedade

As normas confucianas enfatizavam a importância da harmonia e da ordem. Essa era uma reação compreensível aos tempos em que Confúcio viveu, a era dos Reinos Combatentes, quando reinos lutavam entre si pela supremacia. O território da China tem sido marcado, desde o século XIX, por guerra e conflitos, sendo que as batalhas concretas modelaram as metafóricas que influenciaram a sociedade mais ampla. A experiência de uma guerra quase constante modelou a China desde a Rebelião Taiping das décadas de 1850 e 1860 até o estabelecimento da República Popular em 1949. Mesmo então, a sociedade chinesa nunca esteve verdadeiramente em paz durante décadas.

A dinastia Qing, desde sua fundação em 1644 até seu zênite no século XVIII, tomou parte na expansão maciça do território chinês para o oeste e para o sul. Todavia, essas foram guerras de conquista, e não guerras civis internamente dilaceradoras ou invasões estrangeiras. Assim como a Grã-Bretanha lutou no estrangeiro pelas colônias no século XIX, enquanto suas sociedades metropolitanas permaneciam pacíficas e prósperas, a era da Alta Dinastia Qing não viu conquistas ligadas a um colapso doméstico.

As guerras de meados do século XIX em diante foram muito diferentes. A China da dinastia Qing tardia apresentava uma variedade de problemas que teriam adquirido proeminência de qualquer maneira, como ter de enfrentar uma crise agrícola de monta e a necessidade de ampliar a capacidade estatal de arrecadar receita. Entretanto, o impacto da guerra apressou o colapso do Estado. A famosa primeira Guerra do Ópio (1839-1842) não causou grave instabilidade social, pois foi travada principalmente na costa e no mar: sua importância foi demonstrar a inversão de poder entre o império Qing e o britânico, mas uma série de guerras posteriores causou um impacto direto muito maior, como a Rebelião Taiping de 1856-1864. O conflito contribuiu em grande parte para corroer a autoridade Qing. Em termos físicos, destruiu a base agrícola em algumas das áreas mais ricas da China, reduzindo ainda mais a capacidade do Estado de gerar renda. Em termos psicológicos, impôs a ideia de que a autoridade central do Estado já não era suficientemente forte para proteger o povo contra o ataque. As elites locais, muitas das quais foram fundamentais ao formarem milícias locais que acabaram ajudando a derrotar os taipings, tornaram-se uma nova fonte de poder, que veio a ser uma alternativa ao governo em Beijing. Esse poder local acabaria solapando fatalmente o poder Qing em 1911.

Na verdade, a queda da dinastia em 1911 não foi muito sangrenta, embora tenha havido atrocidades notáveis, como o assassinato de manchus pelos revolucionários chineses han em cidades como Nanjing. Contudo, a recente república da China foi arruinada pela guerra durante toda a sua existência, tanto que muitos reformadores resumiam os problemas do país como "imperialismo por fora, os senhores da guerra por dentro". As guerras civis arruinaram o país de 1916 em diante. O estabelecimento do governo nacionalista em 1928 devia dar fim ao período de guerra. Mas, na prática, o governo de Chiang Kaishek ainda estava em guerra durante a maior parte dos anos seguintes: com os comunistas, com os líderes militares rivais e depois com os japoneses. Essas guerras não eram apenas fenômenos passageiros: os camponeses viam suas safras confiscadas ou destruídas, e a confiança na autoridade central continuava escassa.

Em meados da década de 30, parecia realmente possível que o governo de Chiang estivesse a caminho de consolidar seu poder. Os comunistas estavam em retirada depois da Longa Marcha, e Chiang havia conseguido estabelecer uma difícil trégua com a maioria dos líderes militares regionais que tinham atuado contra ele. No entanto, a deflagração da guerra com o Japão em 1937 acabou com toda e qualquer esperança de modernização sob um Estado centralizado e estável. A reforma requeria paz, estabilidade, um fluxo seguro de receita de impostos e acesso aos mercados internacional e doméstico. O governo nacionalista não tinha nada disso. O resultado foi um Estado que se voltou para dentro de si mesmo. Corrupção, mercado negro e inflação descontrolada na zona nacionalista levaram a um colapso da confiança no governo, pavimentando o caminho para a vitória comunista na Guerra Civil que se seguiu de 1946 a 1949. O pobre desempenho do governo nacionalista nos últimos anos da guerra tem sido responsabilizado, com razão, pela perda do apoio do público chinês. Todavia, essa explicação não se sustenta sozinha sem a compreensão de como a guerra contra o Japão havia destruído por completo a base da sociedade que os nacionalistas governavam. Por outro lado, uma mudança inegável aconteceu realmente, tanto na área nacionalista quanto na comunista, em consequência da guerra: o Estado tornou-se entrelaçado com a sociedade de uma forma muito mais inextricável. Os partidos políticos exigiam que o povo os apoiasse na luta contra o Japão; por sua vez, os refugiados exigiam comida, e os cidadãos comuns esperavam proteção contra os bombardeios aéreos e, de maneira mais ampla, o estabelecimento de uma sociedade que os recompensaria pelos sacrifícios que haviam feito durante os longos anos de guerra.

A vitória de Mao em 1949 tem sido geralmente considerada o fim do período de guerra na China, quando por fim o país foi unificado sob um único governo. Não obstante, a organização da China maoísta era, significativamente, uma "guerra por outros meios". A Revolução Cultural viu batalhas campais nas ruas de cidades como Shanghai e Chengdu, e o conflito com a União Soviética viu a sociedade e a economia se colocarem em pé de guerra para o caso de uma invasão. Foi penas na era da reforma que a sociedade retornou a uma situação genuinamente parecida com tempos de paz, tal como esse termo é compreendido no Ocidente. É compreensível por que tantos chineses vivem com medo, acima de tudo, de *luan* (caos).

A guerra contra o Japão tem voltado a assombrar a China nos anos recentes. Desde a década de 80, a busca de um novo nacionalismo que ajude a incentivar a legitimidade do PCC como um partido que representa todos os chineses, bem como a promover a reunificação com Taiwan, tem gerado uma nova ênfase na história dos anos de guerra. Durante o período de Mao no poder, a guerra contra o Japão foi subestimada nos livros de história: a contribuição nacionalista para a vitória não podia ser mencionada, a China tinha pouco interesse em provocar um Japão então pacificado, e pouca atenção pública foi dada aos crimes de guerra japoneses na China. Da década de 80 em diante, o regime pós-Mao tem enfatizado que a guerra contra o Japão foi um período de grande sofrimento, mas também de renovação para a China. Um museu celebrando o Massacre de Nanjing foi inaugurado naquela cidade em 1985 (quase meio século depois do próprio acontecimento); os filmes e os livros começaram a apresentar um relato mais equilibrado e reflexivo da contribuição dos nacionalistas para a defesa da China. Ao mesmo tempo, o sentimento antijaponês na China começou a adquirir expressão pública; há discussões regulares entre blogueiros sobre o suposto aumento do militarismo japonês e, em março de

2005, foi concedida uma sanção oficial para manifestações estudantis em Shanghai contra um novo livro-texto japonês que se dizia ter atenuado os crimes de guerra. Parece improvável que o governo permita que um sentimento antijaponês relativo à guerra prejudique genuinamente as relações entre os dois países a longo prazo, mas é claro que essa questão tem o poder de criar uma emoção real entre a população.

A China é uma sociedade mais rica do que foi na era de Mao?

Um progresso significativo na redução da pobreza tem ocorrido na China durante a era de reforma. Em 2001, as taxas de mortalidade infantil na China eram 31 para cada 1.000 nascimentos bem-sucedidos (em oposição a 7 nos Estados Unidos e 67 na Índia); a expectativa de vida era 70,6 anos (em comparação a 76,9 nos Estados Unidos e 63,3 na Índia). No mesmo ano, 93% das crianças com idade para estudo elementar estavam frequentando a escola (95% nos Estados Unidos, 83% na Índia).

Sem dúvida, há complexidades além dos números das manchetes. De 1990 a 2001, 46,6% da renda da China estavam nas mãos dos 20% mais ricos da população, e apenas 4,7% nas mãos dos 20% mais pobres. Entre 2000 e 2006, a disparidade entre as rendas urbana e rural aumentou de 2,8:1 para 3,3:1 e continua a crescer. Em uma província pobre, chamada Guizhou, em 2005 o morador rural médio tinha apenas 23% da renda de um dos moradores urbanos na província. No mesmo ano, a renda diária média dos moradores rurais em toda a China era de apenas US$ 1,09 por dia. Mesmo assim, o progresso chinês é impressionante e tem contribuído para criar as liberdades pessoais, ainda que não políticas, que provêm de maior oportunidade e bem-estar econômicos. A meta do governo é uma sociedade "moderadamente próspera" (*xiaokang*) em 2020, com uma renda per capita média de cerca de US$ 1.000.

Grande parte da área rural tornou-se mais rica entre meados da década de 80 e meados da década de 2000:

durante esse período, as rendas urbanas aumentaram 14,1%, enquanto as rendas rurais aumentaram 11%. Porém, o grupo de crescimento mais rápido na sociedade é a classe média urbana: em 2007, o Instituto Nacional de Estatística declarou que cerca de 80 milhões de chineses (6,15% da população) pertenciam à classe média, definida como detentora de uma renda familiar entre Y60.000 e Y500.000. Além disso, as aspirações populares são expressas em termos que evidenciam que a antiga China agrícola é considerada passado, e não futuro: uma educação superior, um apartamento agradável na cidade com água na torneira e descarga na privada, bens de consumo (equipamento eletrônico, utensílios domésticos, carros) e serviços (viagem de lazer, televisão a cabo). No campo, em contraste, os únicos bens de consumo difundidos são os aparelhos de televisão, o que gera a visão bizarra de aldeias remotas com banheiros abertos e sem água encanada, mas com uma televisão constantemente ligada, em geral no volume máximo. Tem havido grandes cortes de impostos e subsídios para as áreas rurais, mas em 2005 as famílias rurais ainda estavam gastando mais de 52% de suas

15. Apesar de gastos significativos em ciência e tecnologia, as técnicas agrícolas tradicionais ainda são encontradas em muitas regiões do campo chinês.

rendas com produtos de primeira necessidade (comida e tratamento médico), em oposição a cerca de 43% no caso de famílias urbanas, sugerindo que se passará um bom tempo antes que tenham dinheiro de sobra para comprar bens de consumo. Um novo fenômeno é o imenso movimento, em grande parte ilegal, de trabalhadores migrantes (talvez 150-200 milhões em 2007) das áreas de pobreza para as regiões mais ricas, onde eles procuram trabalho em indústrias pouco regulamentadas, como a construção civil.

A China é inegavelmente uma sociedade mais rica em termos de renda per capita do que era enquanto Mao estava no poder (ver Capítulo 5). Entretanto, é também muito mais desigual. Serviços como tratamento médico gratuito, educação e emprego garantido, que faziam parte do contrato social maoísta, foram abandonados durante a era de reforma, e o aumento líquido das rendas ainda não tem sido suficiente para compensar os novos custos de tratamento hospitalar, remédios ou mensalidades da escola local. (Sob o governo de Hu Jintao, foi alarmante o nível de desgraça rural causada pela suspensão de tratamento médico barato, razão pela qual foram feitos esforços para criar um programa significativo de subsídio).

A China é livre?

A China costuma ser retratada, nos dias de hoje, como o exemplo mais proeminente de uma sociedade que não é livre. Quando o Google, o mecanismo de busca na internet, lançou uma versão especial, no início de 2006, que censuraria as buscas por tópicos que as autoridades chinesas não queriam ver discutidos pelos cidadãos de seu país, isso foi amplamente considerado uma concessão da companhia a um regime que não estava disposto a permitir a liberdade de expressão. Entretanto, *há* outras liberdades que têm feito uma real diferença para as vidas dos chineses em todos os níveis da sociedade.

Para compreender a importância dessas liberdades, deve-se perguntar que conceito de liberdade existia antes na China pré-moderna. Na China imperial tardia, o Estado era difundido, mas relativamente pouco profundo. Os magistrados locais, os governadores das províncias e os burocratas de variados tipos mantinham a rede do império funcionando, mas seu alcance efetivo nas vidas dos chineses comuns era muito menos forte do que o Estado cada vez mais intrusivo do século XX, que atingiu seu apogeu na China de Mao. Para os agricultores pobres, assim com o para os pobres de Londres ou Paris, havia pouca liberdade para agir, porque a privação econômica limitava o alcance da ação. Porém, como nos primeiros tempos da Europa moderna, havia também uma interferência menos ativa do Estado na vida das pessoas do que no século XX.

A liberdade econômica ajudou a modelar a China prémoderna, enquanto uma sofisticada economia de mercado permitiu que a terra fosse comprada e vendida; a capacidade de acumular capital possibilitou que negócios de risco se formassem e prosperassem, embora a economia não fosse mecanizada nem industrializada como na Europa. As pessoas e as mercadorias tinham geralmente liberdade de viajar pelo império, embora o comércio de certos produtos básicos, como grãos e sal, fosse fortemente regulamentado.

Contudo, as liberdades de ação política que são associadas ao período resultante das revoluções inglesa, americana e francesa não são fáceis de detectar na China pré-moderna, assim como teriam sido difíceis de encontrar em grande parte da Europa Central e Oriental, na Rússia e na Península Ibérica na mesma época. A educação e a imersão nos valores da elite que caracterizavam os eruditos e os funcionários públicos também os tornavam sujeitos às regras morais da governança confuciana e, em particular, a seu dever de falar alto quando uma injustiça fosse cometida por aqueles que estavam no poder. Ainda assim, o sistema chinês não institucionalizava a proteção para aqueles que falavam dessa maneira, e isso podia tornar a dissensão pública um empreendimento virtuoso, mas pessoalmente arriscado.

O uso da lei na China moderna tem sido um modo de avaliar o grau de liberdade desfrutado pela sociedade. O Estado republicano estava muito mais preso à ideia europeia das constituições e leis codificadas do que o império Qing, porque sua estrutura era bastante influenciada pelos modelos ocidental e japonês. A república não era um Estado forte, mesmo sob os nacionalistas, embora fosse mais estável e promissora do que a historiografia posterior tem se inclinado a reconhecer (ver Capítulos 2 e 3). Ironicamente, porém, essa deficiência foi uma bênção para a liberdade individual. Ao contrário do período Qing, o moderno Estado republicano desejava um forte controle diário sobre o povo, mas não tinha recursos suficientes para exercer esse controle.

Ainda assim, as liberdades eram restritas na república e tornaram-se ainda mais restringidas sob o governo de Mao. Mesmo na era da reforma, a "gaiola" foi aberta apenas em parte. A China ainda tem números consideráveis (provavelmente milhares) de prisioneiros detidos essencialmente por delitos políticos, como tentar fundar um novo partido político, aderir a um grupo religioso proibido, ou divulgar visões politicamente discordantes em um blog. Há relatos confiáveis de que esses prisioneiros são maltratados e até torturados. Entretanto, a China atual não é inteiramente um Estado totalitário, nem uma junta militar, nem um Estado regido pelos caprichos pessoais de um ditador. De um ponto de vista ocidental, ela até parece (talvez enganosamente) livre em comparação a muitas sociedades do Oriente Médio. Usando os termos de Isaiah Berlin, a "liberdade positiva" na China atual é altamente restrita – não há liberdade para estabelecer organizações políticas rivais, a mídia é altamente circunscrita e censurada, e os protestos públicos, embora comuns, são geralmente dispersados com rapidez. Mas a "liberdade negativa" – a liberdade de ser deixado em paz pelo Estado em questões de escolha pessoal – é inegavelmente forte. Os chineses da atualidade são livres para montar negócios, usar as roupas de sua escolha, comprar bens de consumo, visitar (embora não habitar) os locais que quiserem na China e ir a muitos lugares fora do país. Essas liberdades são restringidas pela capacidade econômica e pela corrupção, que impedem de serem feitas escolhas verdadeiramente livres. Apesar disso, essas liberdades têm um impacto real. Na Revolução Cultural, usar sapatos de couro ou penteados ocidentais podia atrair ataques dos Guardas Vermelhos. Os mercados eram quase inteiramente controlados pelo Estado, tornando possíveis acontecimentos como o Grande Salto para Frente. Liberdades como o crescimento de informações sobre o mercado, que impedem a repetição de tais acontecimentos, são menos românticas do que a inspiradora estátua da "Deusa da Democracia" erguida pelos estudantes na Praça Tian'anmen em 1989. Mas elas são importantes, e sua defesa tem acarretado riscos para o PCC. Isso não significa aceitar tal como é defendido o argumento suspeito do PCC de que somente ele pode decidir até que ponto e com que rapidez a China pode liberalizar-se com segurança. Porém, a China atual relaciona-se com seu povo de um modo muito diverso daquele observado no Estado sob o governo de Mao.

Um dos principais fatores que têm marcado o crescimento da liberdade na China pós-1978 é a exposição ao mundo exterior. Antes de 1949, a China era altamente internacionalizada, e sua modernidade foi modelada pela constante interação com o mundo exterior (comumente na forma indesejada do imperialismo). A era Mao viu a China voltar-se cada vez mais para dentro de si, e nem sequer a União Soviética era bem-vinda depois do rompimento sino-soviético da década de 60. Desde 1978, entretanto, a China tem abraçado o mundo exterior com entusiasmo. A tragédia da Praça Tian'anmen de 1989 parecia capaz de interromper esse processo, mas na realidade revelou-se apenas um obstáculo temporário. No início do século XXI, os chineses são mais uma vez um povo globalizado tanto em sua terra natal quanto em todo o mundo. Estudantes chineses estão entre as maiores comunidades nas universidades dos Estados Unidos, do Reino Unido e da Austrália. Turistas chineses são uma visão comum em Bancoc, Paris e Londres. Acadêmicos visitam regularmente o Ocidente para proferir conferências, e comerciantes chineses fazem negócios em seis continentes, tendo descoberto em anos recentes novas oportunidades na América Latina e na

África. Na década de 80, havia uma expectativa de que muitos dos estudantes chineses que iam estudar no Ocidente optassem por ali ficar. Agora é muito mais comum encontrar empresários cuja ambição é retornar e montar uma firma no mercado florescente da China. Livros de gurus comerciais chineses são empilhados nas principais livrarias de Beijing e Shanghai. Um dos campeões de vendas de 2006 foi *Graduar-se na Universidade de Peking não serve para nada (Biye Beida deng yu ling)*, uma brincadeira com o modelo americano clássico *O que ainda não se ensina em Harvard Business School*, em que se mostra aos leitores que a educação em uma universidade de renome não é substituto para as emoções da vida real e os perigos de uma carreira de negócios.

Para a maioria que ainda não pode se dar ao luxo de viajar para o exterior, há infindáveis noticiários e documentários televisivos sobre sociedades em outras partes do mundo. Programas de televisão estrangeiros são importados e dublados, assim como filmes estrangeiros. A China não está isolada do mundo exterior. O advento da internet, por exemplo, tem-se tornado uma parte muito importante da capacidade da nova classe média da China de interagir com o mundo exterior. Vários sites, inclusive o da BBC e os sites relativos ao massacre na Praça Tian'anmen em 1989, são bloqueados no país, enquanto milhares de outros, relativos a filmes estrangeiros, cursos universitários, reportagens, fofocas de celebridades e corporações, não o são. Muitos chineses compreendem perfeitamente bem as liberdades existentes em outras partes do mundo, mas eles optam por não adotá-las – ou, pelo menos, por não adotá-las ainda.

O mundo chinês mais amplo abre divisões intrigantes entre o que é "livre" e "democrático". A própria China não é nem plenamente livre, nem democrática. Taiwan, desde a década de 90, tem sido livre e democrática. Cingapura, uma sociedade em grande parte chinesa, é democrática, na medida em que tem eleições regulares que são nominalmente abertas a candidatos de oposição (só que a um alto custo para eles próprios), mas não é livre (a mídia e o ativismo político são ambos controlados). Muito intrigante é o caso de Hong Kong, que é pouco mais democrático do que era sob a égide britânica. Porém, é uma sociedade muito livre: embora haja pressão política e um certo nível de autocensura, tem uma imprensa viva, a facilidade de publicar livros atacando o governo chinês e sustenta uma variedade de partidos políticos (embora a legislatura seja arranjada para impedir que qualquer um desses partidos chegue algum dia ao poder). São poucas, se é que existem, essas sociedades livres e não democráticas.

Uma liberdade particular, que tem sido vigorosamente exercida desde 1978, é a nova liberdade de praticar uma religião. Oficialmente, a liberdade religiosa sempre foi garantida na constituição da República Popular da China, mas durante períodos como a Revolução Cultural, a prática religiosa era condenada como superstição e era politicamente perigosa. Atualmente, o Estado sente que a religião dominante age como uma cola social e já não procura desencorajá-la, reconhecendo versões do taoísmo, budismo, islamismo, protestantismo e catolicismo aprovadas pelo Estado. O cristianismo tem-se tornado mais difundido (os números do governo sugerem cerca de 16 milhões de adeptos, enquanto outras estimativas elevam ainda mais o número, para 40-65 milhões, o último número incluindo os que frequentam as "igrejas caseiras" ilegais) e tem encontrado uma clientela particular entre os jovens chineses urbanos, que associam o credo à modernidade. Cerca de 1,5% da população da China é de muçulmanos. Contudo, o Estado desconfia profundamente dos movimentos religiosos que parecem oferecer uma organização que desafia o governo ou mesmo que procura apenas evitar sua vigilância: o movimento Falun Gong é um dos mais famosos desses grupos.

A paixão pelo aperfeiçoamento

O que une alguns desses temas? Desde o violento impacto transformador da modernidade sobre a sociedade chinesa do século XIX em diante, é evidente que a

China não tem sido uma sociedade "confuciana" no sentido pré-moderno. No entanto, permaneceram influências culturais significativas dessa era anterior. Talvez uma das mais poderosas – e uma influência cujo efeito pode ser encontrado numa ampla variedade de áreas – é a ideia de *xiushen*, ou cultivo pessoal: a ideia confuciana de que o modo de viver uma vida decente e ética estava em aperfeiçoar o eu, com o objetivo de se tornar um *junxi* (cavalheiro, pessoa de integridade) ou *sheng* (sábio). A educação é um meio claro e óbvio de realizar essa meta, mas a contemplação e a reflexão também formam uma grande parte desse comportamento.

Embora os Estados chineses modernos do século XX tenham tentado distanciar-se do que julgavam ser elementos atrasados da tradição confuciana, a ideia de *xiushen* como meta coletiva e pessoal persistiu vigorosamente. Na década de 30, como parte de um impulso de renovação nacional e de uma tentativa de solapar a ideologia comunista, Chiang Kaishek lançou o Movimento Vida Nova, que tentava treinar a população chinesa para regular seu comportamento (ver Capítulo 3). Entretanto, apesar de seu fracasso na década de 30, há ecos fortes e cada vez mais explícitos desse movimento na China contemporânea, onde comitês locais dão pontos aos residentes que tratam devidamente o próprio lixo e colocam plantas à mostra para decorar suas casas. Nos dias que antecederam a Olimpíada, os residentes de Beijing foram informados sobre um novo "índice de avaliação da moralidade", que daria crédito para "demonstrações de patriotismo, grandes coleções de livros e sacadas cheias de plantas em vasos", e notas ruins para "abuso de álcool, reclamações de barulho, poluição ou violação de licenças de cafés com internet e salões de karaokê". Os banheiros públicos nas áreas turísticas também estão sendo modernizados e classificados por estrelas.

Os Jogos Olímpicos de 2008

Em 2001, duas obsessões chinesas juntaram-se: o esporte e o respeito. O Comitê Olímpico Internacional (COI) anunciou que a 29ª Olimpíada da era moderna seria realizada em Beijing em 2008.

O século XX foi marcado pelo uso do esporte como um indicador de proezas nacionais. A cultura chinesa prémoderna, porém, não considerava o exercício físico como marca de virilidade, mas sim cultivava o ideal do cavalheiro confuciano, culto e alheio ao mundo dos exercícios. Isso mudou nos períodos do final do império Qing e republicano. Muitos pensadores, influenciados por ideias do darwinismo social, sentiam que a maior devoção da China à erudição do que às proezas físicas estava conduzindo a nação à destruição. Mao Zedong, em seus primeiros escritos, observava que "o exercício físico deve ser rude e duro", e até esboçou um plano de exercícios físicos que incluía golpes de nádegas.

E Mao não estava sozinho. Os líderes da China tinham consciência de que o fraco status internacional do país significava que era necessário percorrer um longo caminho para exercer o poder militar por sua própria conta. No entanto, havia outras formas de poder cultural que podiam ser exibidas na arena internacional. Pela primeira vez, em 1936, a China enviou uma equipe para os Jogos Olímpicos, realizados naquele ano em Berlim, talvez os jogos mais puramente políticos que o Movimento Olímpico jamais conhecera. A Guerra Fria foi também uma guerra esportiva, com as rivalidades entre Estados Unidos e União Soviética sendo encenadas a cada quatro anos. A China só voltou a competir na década de 80, mas desde então deixou rapidamente sua marca em esportes como a ginástica. Participando dos Jogos Olímpicos, ela estava dando uma indicação clara de que mais uma vez fazia parte da comunidade mundial.

A mesma motivação alimentou a decisão, tomada pelo governo chinês em 1992-1993, de propor a realização da Olimpíada do novo milênio em Beijing. Gastaram-se imensas somas de dinheiro na proposta, e o resultado foi anunciado ao vivo por meio de alto-falantes na Praça Tian'anmen. Contudo, a multidão chocada escutou que a cidade afortunada seria... Sidney. O subtexto não explicitado, mas amplamente percebido, era que o COI não podia premiar a China com os Jogos Olímpicos apenas quatro anos depois da matança na Praça Tian'anmen. O mundo internacional do esporte não podia permitir que a China retornasse à comunidade das nações como se nada tivesse acontecido. A afronta de 1993 revelou-se então um ponto de partida, e não um ponto final, para o processo. Em questão de dois anos, a China realizou um evento internacional de grande importância, a Conferência das Mulheres da ONU, em 1995. Por fim, em 2000-2001, Beijing apresentou-se mais uma vez como uma cidade candidata a abrigar os Jogos Olímpicos. Dessa vez, começou como favorita e nunca perdeu a posição. Quando os Jogos Olímpicos começassem, a matança na Praça Tian'anmen já estaria sepultada em um passado de quase vinte anos. A China que recebera a honra de sediar os Jogos Olímpicos já não era uma sociedade em estado de choque interior, recuperando-se de uma crise social interna, mas uma potência regional confiante e com alcance global.

Para muitos países, como a Itália, a Alemanha, a Coreia do Sul e a Espanha, a realização dos Jogos Olímpicos foi uma "saída" simbólica para um passado ditatorial. Todavia, a mensagem de Beijing 2008 será mais ambígua. Certamente, os Jogos Olímpicos simbolizam a abertura da China para o mundo exterior, uma anfitriã acolhendo a família das nações. Mas Beijing 2008 será a primeira Olimpíada realizada em um país que não é democrático, desde os Jogos Olímpicos de 1980 em Moscou. A Olimpíada em Beijing simboliza a inserção da China na comunidade internacional. E mais: isso acontece em grande parte nas condições propostas pela China.

A ideia de *suzhi* também se difundiu em anos recentes, uma palavra difícil de traduzir, mas em geral explicada como "qualidade da população". Para alguns, tem um ar levemente eugênico: os chineses educados afirmarão com frequência que o *suzhi* dos camponeses é inferior ao dos citadinos.

16. Beijing preparou-se para a febre olímpica depois de lhe ser concedida a realização dos Jogos Olímpicos em 2001. Aqui um trabalhador carrega uma decoração dos Anéis Olímpicos feita com pneus usados de uma lavadora de carros.

Porém, o *suzhi* de um indivíduo ou de um grupo não é algo fixo, e a educação é um dos meios de melhorá-lo. O legado de *xiushen* pode ser percebido até mesmo pela linguagem pseudocientífica em torno de *suzhi*. Esse debate também reflete uma disparidade mais ampla que se desenvolve na China. Durante o período do governo de Mao, suas políticas (em particular, o Grande Salto para Frente e a Revolução Cultural) destinavam-se a atacar, com grande violência, o tradicional ar de superioridade que os moradores das cidades, e os chineses cultos em particular, exibiam em relação à população rural. (No regime de Mao, a introdução de um sistema de registro de residências, para impedir a migração dos agricultores para as cidades, solapou essa intenção.) Entretanto, atualmente a tendência tem se firmado na outra direção.

As outras Chinas

Este livro se interessa principalmente pelos acontecimentos na China continental. Contudo, a massa continental de terra que conhecemos como China sempre foi e continua a ser afetada hoje em dia por sociedades chinesas bem além de suas fronteiras.

Taiwan permanece o principal "negócio inacabado" da Guerra Fria aos olhos dos líderes de Beijing. Depois do retorno de Hong Kong ao domínio chinês, em 1997, a reunificação com Taiwan ganhou importância na agenda política da retórica da China continental. Ao mesmo tempo, movimentos internos em Taiwan têm alimentado a ideia de que a ilha deve declarar independência. Continua a ser um ponto de vista, comumente sustentado entre os chineses da China continental, que o país só terá plena integridade territorial quando Taiwan fizer parte da "pátria mãe" mais uma vez e que todos os meios, inclusive a guerra, são aceitáveis para realizar esse objetivo. A reivindicação da China de que Taiwan lhe pertence data dos tempos imperiais, quando a ilha caiu sob o controle da dinastia Qing. No entanto, essa interpretação da história esconde complicações. O império Qing também continha o que é agora a Mongólia Exterior, mas não há brados para que esse país seja reabsorvido pela China. De forma mais crucial, a retórica chinesa não chama atenção para o fato de que, desde o final do século XIX, Taiwan só fez parte de um Estado chinês unificado durante quatro anos (de 1945 a 1949).

A história de Taiwan é complexa. Seus primeiros habitantes eram aborígenes malaio-polinésios, e os colonizadores de etnia chinesa só chegaram ali em número significativo a partir do século XVI. A dinastia Qing certamente incorporou Taiwan ao seu território, mas ainda no século XIX a ilha era considerada, inclusive pelos chineses, um lugar remoto, fronteiriço.

A ilha não teve muito tempo para se desenvolver sob o domínio Qing. Tendo perdido a Guerra Sino-Japonesa de 1894-1895, a dinastia foi forçada a ceder a ilha ao Japão, tornando-a a primeira colônia japonesa formal na Ásia. No meio século seguinte, os habitantes de Taiwan cresceram sob a governança colonial japonesa. Embora fosse paternalista e muitas vezes duro, particularmente durante os anos de guerra das décadas de 30 e 40, esse governo não foi marcado pela brutalidade vista na China continental. Os japoneses conseguiram criar uma elite colonial local, que falava japonês com tanta facilidade quanto (ou ainda com mais facilidade do que) o mandarim ou o chinês taiwanês e que, mesmo hoje em dia, considera seus antigos governantes coloniais com ambivalência ou até com aprovação tolerante. O ex-presidente Lee Teng-hui declarou certa vez que ele "era japonês antes dos 22 anos" (isto é, até 1945). O que é também notável é que a história turbulenta do período republicano da China – a revolução de 1911, o Movimento Quatro de Maio, o governo nacionalista e, acima de tudo, a ascensão de um Partido Comunista poderoso – teve pouca relevância para a ilha. Mesmo o acontecimento mais traumático de todos, a guerra contra o Japão, aconteceu fora da ilha, e alguns taiwaneses lutaram no lado japonês, ofendendo gravemente seus compatriotas da China continental.

A derrota do Japão em 1945 também viu a ilha ser devolvida ao controle chinês (nacionalista), e a visão dos ilhéus sobre sua experiência colonial tornou-se mais rósea em retrospectiva por causa da natureza severa do que se seguiu. Os nacionalistas tratavam Taiwan como se fossem um poder de ocupação, e não libertadores. Enquanto a Guerra Civil alastrava-se na China continental, o governo reprimia ainda mais a dissidência em Taiwan. Em 28 de fevereiro de 1947, uma altercação entre a polícia e uma velha que vendia cigarros contrabandeados espiralou-se em protestos de massa da população local da ilha contra o governo nacionalista. A reação foi rápida e brutal, com milhares de taiwaneses sendo mortos ou aprisionados. Qualquer discussão do acontecimento foi proibida, particularmente depois que Chiang Kaishek fugiu para a ilha em 1949, e o "28-2", como os acontecimentos tornaram-se conhecidos, permaneceu imerso na memória da ilha por décadas.

Depois de 1949, a ilha viveu em um Estado cada vez mais distanciado da realidade como a "República da China" no exílio, esperando recuperar a China continental das mãos dos rebeldes e bandidos comunistas. Foi declarado o governo militar, e os governantes nacionalistas continuaram a violar direitos humanos até a década de 80: por exemplo, suspeitava-se que o governo teria contratado o caminhão que atingiu e paralisou Wu Shu-chen, esposa do ativista de oposição Chen Shui-bian. Embora a dissidência política tenha sido fortemente reprimida em Taiwan, um modelo econômico de muito sucesso estava sendo ao mesmo tempo traçado. Os nacionalistas enfrentaram um de seus grandes fracassos na China continental, a reforma da propriedade de terra, um projeto bastante encorajado pelos conselheiros americanos. Eles também usaram o poder governamental para criar uma economia impulsionada pelas exportações, em particular bens de consumo, couro, madeira e papel. Durante a década de 60, as exportações de Taiwan aumentaram em cerca de 20% a cada ano, e a economia como um todo cresceu em 9,2% por ano.

Notavelmente, Taiwan deu passos firmes na direção da democracia. Os anos da década de 70 viram surgir novos grupos de interesse, inclusive o movimento *Tang-wai* ("fora do Partido") em nome do qual Chen Shui-bian havia se candidatado a um cargo político, muitos deles defendendo mais poder para a população local da ilha, cujos interesses haviam sido incluídos na questão dos "habitantes da China continental" que fugiram para Taiwan em 1949. Chiang morreu em 1975 e foi sucedido pelo filho, Chiang Ching-kuo, que acabou tomando a decisão de legalizar a dissidência. Na década de 90, Taiwan tinha uma genuína democracia liberal: em 2000, pela primeira vez, a presidência foi conquistada por um representante da oposição, o antigo dissidente Chen Shui-bian.

O sistema de Taiwan divergia do existente na China continental ao mesmo tempo em que a relação entre ambos era reforçada de várias maneiras. Quando a China se abriu, sob o governo de Deng, os "compatriotas de Taiwan" foram encorajados a visitar a China continental e a investir nela. Ao mesmo tempo, o PCC tornava-se cada vez mais preocupado com o número de taiwaneses que já não consideravam a reunificação com a China desejável ou até relevante, e a China continental fazia um barulho ameaçador sobre seu direito de invadir Taiwan no caso de uma declaração de independência.

Entretanto, a China tem sido altamente bem-sucedida em convencer o mundo de sua posição sobre Taiwan: que a independência de Taiwan é impensável. Isso é de certa forma estranho, porque Taiwan nem sempre foi uma questão tão polarizadora: não era central para a retórica territorial dos governos republicanos, nem durante grande parte do período de Mao no poder. Nem é a reunificação necessária para o continuado crescimento econômico ou para a influência política da China. Tampouco a China continental exige hoje que Taiwan torne-se semelhante a ela: as condições oferecidas para a reunificação têm sido desde 1978 algo semelhante a uma reunificação apenas nominal, implicando o fato de Taiwan manter seu próprio sistema político e até mesmo militar.

Na década de 80, era Hong Kong que aparecia de modo mais proeminente no noticiário. Em 1898, os britânicos forçaram a China a conceder um prazo de arrendamento de 99 anos para os Novos Territórios limítrofes da Ilha de Hong Kong e Kowloon, que haviam sido tomados depois das Guerras do Ópio. Quando o prazo do arrendamento começou a chegar ao fim, o governo de Deng Xiaoping deixou claro que eles estavam determinados a retomar Hong Kong, mas também deu garantias de que o modo de vida da colônia não seria alterado por pelo menos cinquenta anos. Em 1984, um acordo sino-britânico formalizou por escrito o entendimento para a entrega dos territórios, mas dois acontecimentos tornaram os dias finais antes da entrega em 1997 muito menos calmos do que o esperado: as demonstrações na Praça Tian'anmen de 1989 e a nomeação de um político democrata, Chris Patten, em lugar de um funcionário público, para ser o último governador do território. Patten introduziu direitos de voto muito mais amplos nas eleições altamente limitadas de Hong Kong, enfurecendo Beijing, que considerou o ato uma quebra do espírito, se não da letra, do acordo de entrega. Em Hong Kong e entre círculos políticos e comerciais na Grã-Bretanha, houve muita especulação de que as reformas causariam danos às relações sino-britânicas nos anos vindouros.

Na verdade, embora o direito de voto ampliado tenha sido abolido assim que os chineses tomaram o poder, nem o governo chinês, nem as reformas de Patten tiveram os efeitos medonhos que alguns temiam. Hong Kong continua a ter uma aura fortemente internacional, um ambiente de livres negócios, e permanece uma sociedade economicamente bem-sucedida apesar da crise financeira asiática de 1997-1998. Além disso, continua a ter uma imprensa ativa e livre, ao passo que a tendência democrática do seu governo tem crescido lentamente desde 1998. Há também forte interesse popular pela política. As tentativas do governo para introduzir leis mais fortes de censura têm sido detidas por manifestações pacíficas nas ruas, contradizendo o dito tradicional de que "o povo de Hong Kong só está interessado em negócios e dinheiro". Por sua vez, Beijing tem deixado seus nomeados em Hong Kong (que são da própria cidade) governar em paz, só com um ronco surdo ocasional de desaprovação. Por enquanto, Hong Kong continua uma anomalia como um lugar que é livre, mas não democrático.

Os chineses de além-mar, isto é, a diáspora da etnia chinesa que vive fora das fronteiras da própria China, têm sido sempre uma parte importante da história do desenvolvimento chinês. Há comunidades distintas: no século XIX e início do século XX, os chineses litorâneos mudaram-se para a Califórnia, a África do Sul e a Grã-Bretanha. No período pós-1945, houve um novo influxo de habitantes de Hong Kong para a Grã-Bretanha e, depois de 1965, quando as cotas raciais foram suspensas, de chineses de Hong Kong, de Taiwan e do sudeste da Ásia para os Estados Unidos. Desde o final da década de 70, tornou-se mais uma vez possível emigrar da China continental, e, nas décadas que se seguiram, a emigração tornou-se natural para aqueles que desejavam emigrar e tinham os meios para fazê-lo. No presente, a migração tem-se tornado verdadeiramente global, sendo um fenômeno comercializado com agências que incluem governos locais e agenciadores e atravessadores (geralmente ilegais) que contrabandeiam grupos de trabalhadores, todos desempenhando um papel na disseminação dos chineses pela

América do Norte, Europa, Australásia, África e América Latina. Os migrantes também procuram educação, já não se contentando em permanecer em indústrias de mão de obra pouco qualificada (como a dos restaurantes) que os distinguiram nas décadas de 60 e 70.

Uma sociedade moderna?

De modo geral, há muitos aspectos da sociedade chinesa contemporânea que estão diretamente ligados ao mundo de cem ou quinhentos anos atrás: a prática religiosa disseminada, a preferência por filhos do sexo masculino no campo e a ênfase na hierarquia entre os membros da sociedade. Contudo, outros aspectos só poderiam ter sido formados no mundo moderno: a presença de uma economia globalizada, na qual a mão de obra e o capital tornaram-se mais móveis, a ênfase na linguagem da igualdade e de direitos, que provém de um século de política nacionalista e comunista, e a noção de que o Estado e o povo estão e devem estar intimamente entrelaçados, sendo essa última tendência reforçada pela experiência da guerra total, quer contra o Japão, quer contra os "inimigos de classe". A sociedade chinesa moderna é *tanto* chinesa *quanto* moderna.

Capítulo 5

A ECONOMIA CHINESA É MODERNA?

Na última semana de julho de 2007, uma combinação extraordinária de reportagens sobre a China atingiu as manchetes. Na província sulista de Guangdong, operários desempregados expressaram seu alarme diante do rápido aumento de preços dos produtos básicos: o óleo de cozinha subiu 33% naquele ano, o macarrão 40% e a carne de porco, assombrosos 70%. Ao mesmo tempo, anunciou-se que os bancos comerciais da China precisariam aumentar as taxas de reserva legal (o montante de dinheiro que precisam ter em mãos, e não emprestado) em meio ponto percentual para tentar reduzir o excesso de crédito na economia. Enquanto isso, ao secretário do Tesouro dos Estados Unidos, Hank Paulsen, era concedido um passeio pela empobrecida província de Qinghai na China ocidental. "A China tem 23 milhões de pessoas vivendo na pobreza", declarou o vice-premiê Wu Yi. "A quem poderíamos ameaçar? Não temos essa capacidade." Em Beijing, um grupo de americanos estava na cidade para discutir outro tipo de ameaça: a contaminação de alimentos e remédios produzidos na China, o que havia causado uma série de alarmes sanitários e reações de consumidores contra as mercadorias chinesas no Ocidente. A contaminação preocupava também aqueles que ouviram outra história importante publicada naquela semana: a China estava abandonando a sua trombeteada medida de um "PIB verde", plano para medir o custo da poluição no país, porque isso ameaçava reduzir o crescimento econômico.

A superpotência econômica que move os mercados mundiais, o empobrecido país em desenvolvimento – ou ambos? A economia da China ainda estava crescendo a cerca de 10% ao ano na primeira década do século XXI, uma das mais elevadas taxas sustentadas de criação de riqueza na história do mundo. A taxa de crescimento parece ainda mais espantosa, porque é contrastada com o período do governo de Mao, relativamente voltado para o desenvolvimento interno, e a era de guerras que o precedeu. Mas talvez não seja inédita: o crescimento da economia chinesa marca uma espécie de retorno ao início da era moderna, quando a economia chinesa era comparável às da Europa. Entretanto, o século XX foi sem dúvida um período difícil para a economia chinesa, particularmente para seu imenso setor agrícola, que foi devastado pela guerra, pela depressão e pelo impacto, em poucos anos, de não ter governo suficiente (sob os nacionalistas) e de ter governo demais (sob os comunistas).

As características de uma economia moderna incluem um entusiasmo ativo por crescimento, investimento de capital e industrialização, assim como uma produtividade cada vez maior por meio do desenvolvimento da tecnologia. Nesses termos, a economia da China, particularmente desde 1978, atingiu um padrão de desenvolvimento espetacular. Entre os fatores-chave estão o Investimento Direto Estrangeiro (IDE), a mão de obra barata e a imensa importância do investimento humano e financeiro dos chineses de além-mar, bem como o investimento continuado em educação, pesquisa, desenvolvimento técnico e científico. Contudo, têm surgido obstáculos reais a esse crescimento. Em particular, o aumento do consumo chinês e o impacto de uma produção irrestrita sobre o meio ambiente têm acumulado problemas imensos e dispendiosos para a próxima geração de líderes chineses.

As origens da moderna economia chinesa

Para investigar as origens do comprometimento da China com a moderna economia globalizada, precisamos recuar mil anos. A dinastia Song (960-1276) presenciou uma das mudanças cruciais na economia chinesa. Até aquele ponto, a maioria dos fazendeiros praticava agricultura de subsistência; porém, no final da dinastia, eles haviam se tornado especialistas, produzindo safras para venda ou produtos para o mercado. Ao mesmo tempo, desenvolveu-se um mercado interno por toda a China, o qual continuaria a se expandir sob as dinastias Ming e Qing. Uma economia baseada em dinheiro em papel e moeda também prosperou durante esse período, provocando crises financeiras e contrastes crescentes entre os muito ricos e os muito pobres. No entanto, estava claro que esse era um tempo de imenso crescimento para a economia chinesa – certamente comparável com a natureza cada vez mais comercial da economia europeia da época.

Meio milênio mais tarde, os acontecimentos nas economias da Europa e da China seriam muito diferentes. A economia chinesa produzia essencialmente mais do mesmo. O século XVIII foi uma época de ouro para a China. Seu território expandiu-se quando o império Qing conquistou terras para o oeste e para o norte. A introdução dos grãos do Novo Mundo em décadas anteriores tinha aumentado o número de safras que podiam ser cultivadas na terra antes considerada estéril, permitindo que a população se espalhasse e crescesse. No final do século XVIII, a população chinesa tinha duplicado de 150 milhões para 300 milhões de pessoas.

O mesmo período presenciou uma revolução na Europa, que começou na Inglaterra: as revoluções agrária e industrial da era moderna. O historiador Kenneth Pomeranz tem sido particularmente associado a uma questão: por que houve uma "grande divergência" entre a Europa e a China no século XVIII? Ele argumentava que as áreas mais adiantadas da Europa (Inglaterra) e da China (o vale do Yangtze) estavam em um nível comparável de desenvolvimento por volta de 1800. Por que então foi a Inglaterra que assistiu a um crescimento dinâmico sem precedentes? Seu argumento baseava-se em vários fatores, mas o principal entre eles era o de que a Inglaterra beneficiara-se das minas de carvão e colônias convenientemente situadas, nenhuma das quais existia no delta do Yangtze na mesma época. Embora tenha ocorrido um debate caloroso sobre detalhes específicos, existe agora um consenso considerável de que faz sentido comparar as economias da Europa e da China no início da era moderna em termos de seu relativo estágio de dinamismo e crescimento econômicos.

Ainda assim, a "grande divergência" realmente aconteceu. A China desenvolveu uma economia cada vez mais comercial na era imperial tardia, mas até o século XIX não era industrial. Isso mudou, inevitavelmente, com o advento do imperialismo ocidental em meados do século XIX, que provocou profundas mudanças tanto na economia agrícola quanto industrial do país.

A colisão com o imperialismo e a industrialização

Os problemas da China rural não diziam respeito apenas ao Ocidente. No final do século XVIII, eram evidentes os sinais de uma crise agrícola no campo chinês. Mais de um século mais tarde, na década de 30, o economista britânico R. H. Tawney foi induzido pela situação difícil dos camponeses chineses a declarar: "Há distritos em que a posição da população rural é a de um homem de pé com água até o pescoço, de modo que qualquer marola é suficiente para afogá-lo". Durante anos, parecia evidente que a economia rural na China tinha sido um desastre no período pré-1949. Porém, durante os últimos vinte anos ou mais, têm sido feitas reavaliações sérias. Essas têm levado a opiniões fortemente opostas em relação às causas, mas a antiga visão de que a crise agrícola era grave e estava sempre piorando até meados da década de 30 é altamente desorientadora.

Uma das principais razões para essa crítica à economia camponesa da China durante os cem anos que vão de 1840 até 1940 é a natureza turbulenta desses tempos. Entretanto, os historiadores econômicos já não pressupõem (o que era bastante comum em meados do século XX até por volta da década de 80) que a política tumultuada tenha provocado necessariamente consequências desastrosas para a economia chinesa. De fato, há uma evidência significativa de que, após a última crise Qing, a economia agrícola global da China tornou-se mais produtiva e lucrativa. O historiador Loren Brandt argumentava que "entre 1890 e 1930, a produção agrícola na China central e oriental aumentou mais que o dobro do crescimento estimado da população de 0,6 por cento ao ano". Ele atribui isso a vários fatores. Um deles era a especialização crescente, inclusive o cultivo de safras para venda, por exemplo, de algodão. Os fatores comerciais e tecnológicos também mudaram a situação: na década de 30, mais de 40% de todas as fazendas naquela região usavam fertilizantes comerciais, e também estava tornando-se mais fácil obter o crédito rural. O desenvolvimento das sementes, inclusive variedades de arroz de alto rendimento, estava começando a ser usado. No entanto, a economia continuava muito pobre. Em meados da década de 30, o PIB per capita era de apenas 60 yuan (cerca de US$ 200).

A China envolvera-se significativamente no comércio interno da Ásia durante séculos e desempenhara um papel importante no mercado de bens de luxo na Europa no século XVIII (fornecendo chá, porcelana e sedas em troca de prata). Contudo, só na era moderna entrou plenamente no mercado internacional. Essa foi uma bênção ambígua, porque esse mercado internacional estava em grande parte ligado às tentativas imperialistas de abrir economicamente o país. Ainda assim, o status semicolonial da China de fato lhe dava um nível de autonomia econômica que uma verdadeira colônia, como a Índia, não tinha, particularmente depois que os nacionalistas conseguiram recuperar a autonomia para determinar tarifas (taxas sobre produtos importados) no início da década de 30.

A Guerra Sino-Japonesa aleijaria a economia da China, assim como destruiu o experimento de construção do Estado chinês daquela época. Ainda não existe pesquisa suficiente sobre a produção agrícola na China na época da guerra, mas não há dúvida de que o confronto desferiu um golpe pesado no progresso obtido nas décadas antes de 1937. Redes de transporte da China foram destruídas, e grandes partes de sua terra produtiva foram devastadas. Nem tudo foi perdido: boas colheitas no primeiro ano da guerra tornaram a província-celeiro de Sichuan capaz de abastecer as áreas da China sob controle nacionalista, e o governo continuou a pesquisa com fertilizantes e novas variedades de sementes. Mas o tempo de conflito não assegurava condições normais para avaliar o progresso econômico. Os anos finais da guerra viram a economia entrar em colapso. A escassez de bens de consumo gerou um mercado negro e hiperinflação. A perda para os japoneses de áreas agrícolas importantes durante as ofensivas de 1943-1944 provocou fome disseminada no campo e aumentou a alienação da população em relação ao governo nacionalista. Mesmo depois do fim da guerra, a crise financeira continuou durante a guerra civil de 1946-1949, e o governo de Chiang fugiu para Taiwan deixando para trás uma economia aleijada.

A China de Mao

Tornou-se convencional condenar a China de Mao como um fracasso econômico, que acabou impondo ao governo a era de reforma da década de 80. Embora esse argumento seja em parte pertinente, vale notar que houve, durante o período maoísta, desenvolvimentos que criam condições favoráveis para a decolagem econômica definitiva pós-1978.

Apesar de uma acomodação inicial com os capitalistas, a nova economia da China de Mao foi estabelecida em 1952. Ela estava sempre na expectativa de uma economia de comando socialista. Surgindo como surgiu no início da Guerra Fria como uma aliada da União Soviética, havia pouca possibilidade ideológica de a China seguir um modelo econômico diferente. Além disso, a nova RPC tornou-se parte de um sistema de cooperação econômica pós-guerra impulsionado pelos soviéticos, assinando acordos de comércio com a maioria dos países do Leste Europeu recém-comunistas e beneficiando-se da assistência técnica soviética. Os termos dessa assistência costumavam ser favoráveis à China, com Moscou providenciando aço e equipamento de fábrica em troca de carne de porco e tabaco. Às vezes, a RPC também fazia gestos de solidariedade, como em 1953, quando enviou com urgência alimentos para a Alemanha Oriental, depois que Berlim Oriental fora sacudida por protestos contra o governo.

Ainda assim, a pressão que modelou a economia da China durante esse período não vinha apenas de um lado. Os Estados Unidos decidiram não reconhecer o estabelecimento da RPC em 1949, e junto com o não reconhecimento veio um embargo comercial dos americanos e seus aliados. Embora outras nações, como o Japão, começassem a realizar um comércio internacional informal com a China, o país ainda parecia isolado do mundo não comunista. Além disso, as relações com a União Soviética começaram a azedar em meados da década de 50 e já eram claramente hostis em meados da década de 60. Nesse contexto, os líderes chineses começaram a pensar em termos de uma economia de estado de sítio que pudesse ser defendida no âmbito de uma catástrofe, como uma tentativa de Chiang Kaishek patrocinada pelos americanos para retomar a China continental ou um ataque soviético pela fronteira norte.

Muitos economistas condenaram retrospectivamente essa decisão, argumentando que afastava grande parte da indústria chinesa das áreas litorâneas, de onde as mercadorias podiam ser exportadas com mais facilidade depois da produção. Entretanto, outros notaram que o influxo de investimento na China ocidental melhorou realmente os padrões de vida e providenciou a base para o desenvolvimento posterior, como taxas mais elevadas de alfabetização, fábricas, infraestrutura de transporte e projetos de conservação da água. De fato, alguns desses fatores tornaram-se até mais relevantes desde a década de 90, quando o governo optou por desenvolver a política de "Abertura para o Ocidente", encorajando a migração do leste superpovoado da China para as regiões no oeste menos desenvolvidas. O estabelecimento do projeto da Represa das Três Gargantas também ajudou a aumentar a importância da cidade de Chongqing no sudoeste, agora uma usina elétrica regional e, ao menos no papel, a maior cidade da China em termos de população.

A economia do governo de Mao sofreu terrivelmente de muitas maneiras, dentre as quais o Grande Salto para Frente é a mais conhecida. Contudo, em seus próprios termos, foi também bem-sucedida em suas metas imediatas. Ao contrário da China nacionalista, a RPC não desmoronou sob o peso de seus problemas econômicos. As características pelas quais a economia da RPC sob Mao tem sido criticada – a substituição das importações, a tentativa de se tornar autossuficiente, a baixa produção de bens de consumo – foram também fatores em vários outros países durante o período das décadas de 50 a 80, inclusive na Índia e na Nova Zelândia. Esses países, como a China, começaram a tomar um caminho diferente na década de 80.

A China na economia global

A reforma econômica começou no campo, com os fazendeiros tendo a liberdade de vender suas safras no mercado livre e os indivíduos sendo encorajados a montar empresas (ver Capítulo 3). No início da década de 80, Deng Xiaoping estabeleceu as Zonas Econômicas Especiais (ZEE) nas cidades portuárias na costa sudoeste da China. Isso assinalou seu desejo de dar início à primeira fase do crescimento econômico: começaria com a manufatura e a indústria leve e seria alimentada pelo investimento estrangeiro que seria atraído por impostos altamente competitivos e pelas leis da mão de obra. A abertura de Shanghai na década de 90 deu ainda mais impulso a essa política (até aquele ponto, a cidade fora restringida na quantidade de investimentos estrangeiros diretos que tinha a permissão de atrair). Havia excelentes precedentes para essa estratégia, tal como sabia Deng. No final do século XIX, o Japão Meiji, forçado a adotar uma modernização vertiginosa, financiou seu progresso econômico desenvolvendo um crescimento alimentado pelas exportações em áreas como a têxtil e só mais tarde desenvolvendo a indústria pesada. No período subsequente à Segunda Guerra Mundial, o Japão e seus colegas tigres asiáticos – Taiwan, Coreia do Sul e Hong Kong – também alcançaram a prosperidade econômica com a indústria leve e os bens de consumo, bastante estimulados por seus governos. Durante o mesmo período, a China de Mao voltara-se para dentro de si mesma.

A estratégia orientada para a exportação tem sido espetacularmente bem-sucedida até o momento. Havia pontos de perigo: um dos fatores econômicos que alimentou os protestos urbanos de 1988-1989 foi o índice de inflação rapidamente crescente que reduzia de forma considerável o poder de compra dos funcionários estatais (uma situação que, se tivesse fugido ao controle, teria lembrado assustadoramente a hiperinflação que vitimou os nacionalistas em 1948-1949). Mas a situação foi controlada, e na virada do século XXI a inflação é de um único dígito, mesmo quando os gastos do consumo aumentam com a criação de uma nova classe média.

Entretanto, embora a China esteja desenvolvendo um conceito legalmente protegido de propriedade privada (uma lei com esse conceito foi aprovada em 2007) e a propriedade estatal de indústrias e empresas esteja claramente em declínio, o Estado e o PCC ainda estão muito enredados com os negócios. Os funcionários do partido têm deixado de assumir um papel político para adotar o empresarial, e boas relações com o PCC são em geral essenciais para ganhar licenças para fazer negócios, ou para juntar capital a fim de montar uma empresa. O Estado e o partido têm mudado incomensuravelmente de forma desde a era de Mao, mas nenhum dos dois se retirou da sociedade; apenas encontraram novas maneiras de interagir com ela e controlá-la.

Os outros tigres asiáticos acabaram desistindo de manufaturar mercadorias baratas, quando os países tornaram-se mais ricos, os salários mais elevados e, por fim, tornou-se mais barato deslocar a manufatura para outros países (em geral para a China, de fato). A mão de obra chinesa é muito maior e mais pobre do que a de qualquer outro país asiático – exceto a Índia – e levará muito mais tempo para que os custos de sua mão de obra tirem a China do mercado, embora haja sinais de que isso esteja começando a acontecer em algumas partes do sudeste mais rico do país. No entanto, planos dos líderes já estão em desenvolvimento para o estágio seguinte a seu domínio do mercado da manufatura.

A ambição máxima dos líderes chineses não é ser a oficina do mundo, produzindo brinquedos e roupas. Desde o início das Quatro Modernizações, a "ciência e a tecnologia" era um dos alvos-chave da reforma, e os líderes da China estão conscientes de que o Japão, Taiwan e a Coreia logo deixaram de ser centros de manufatura para fornecer mercadorias de alto valor agregado para o mundo. Em particular, a China cobiça a qualidade e a reputação do conhecimento tecnológico japonês. O investimento em ciência, tecnologia e inovação é agora uma das mais altas prioridades do governo, e o gasto doméstico total nessa área em 2005 foi de quase US$ 30 bilhões, ou 1,3% do PIB. Contudo, é ainda baixo comparado à taxa nos Estados Unidos (2,7%), e o Conselho Estatal da China promete gastar 2,5% em 2025. Algumas multinacionais também estão investindo em pesquisa chinesa: a Microsoft e a IBM têm importantes laboratórios de pesquisa básica em Beijing.

O maior desafio para os criadores de políticas chineses tem sido manter níveis muito elevados de crescimento (cerca de 10% por ano no início da década de 2000) e ao mesmo tempo frear a inflação, que tem se tornado visível à medida que existe mais dinheiro na economia (como a rápida inflação que ajudou a desencadear as manifestações de 1989). No período desde 2004, o governo tem enfatizado o consumo, tentando encorajar os chineses a gastar mais com bens de consumo e serviços (por exemplo, inventando novos feriados públicos que estimulariam as viagens de lazer e as visitas a restaurantes e parques temáticos). Com o governo prometendo gastar mais em serviços essenciais como assistência médica, que tiveram suas provisões estatais em grande parte eliminadas durante o período de reforma, os consumidores talvez estejam mais dispostos a gastar em serviços e produtos não essenciais. Porém, está se revelando uma tarefa árdua estimular os chineses a tirar as poupanças guardadas debaixo do colchão e gastá-las: afinal, têm ocorrido muitos tempos de vacas magras na recente história chinesa.

A economia da China tem um papel central na economia global, algo que era simplesmente uma inverdade no início da era de reforma. Para começar, seu papel como base manufatureira é evidente. Em 2006, o superávit comercial chinês com o resto do mundo foi de US$ 177,47 bilhões, e estava claro que, embora o superávit diminuísse ano a ano, o país ainda exportaria mais do que importa nos anos vindouros. A China também protege sua moeda, mantendo seu valor baixo em relação a outras moedas para assegurar que os produtos chineses exportados sejam baratos em termos globais e que os bens importados continuem caros. Sob repetidas pressões dos Estados Unidos e da União Europeia, a China tem permitido gradualmente que o renminbi seja valorizado, mas o Banco do Povo da China continua controlando o nível dessa valorização. Entretanto, o país não se fechou atrás de um muro protecionista. Em 2001, obteve sucesso em uma longa campanha para ingressar na Organização Mundial do Comércio (OMC), ainda que a entrada na OMC forçasse a China a abrir seus mercados para bens e serviços e a reprimir com mais força as violações dos direitos de propriedade intelectual, como a imensa e ilegal indústria de DVDs piratas. A China tem seguido o caminho tomado pelo Japão, pela Coreia do Sul e por Taiwan na era pós-guerra, calculando até que ponto e em que velocidade deve abrir sua economia.

Em anos recentes, o superávit em conta corrente da China tem estimulado o país a investir ativamente além-mar. Em 2007, o Banco de Desenvolvimento da China comprou uma participação de US$ 3 bilhões na Blackstone, firma americana de "buyout*", além de partilhar uma participação de £ 2,4 bilhões no banco britânico Barclays. As reservas de moeda estrangeira do país aumentaram de menos de US$ 200 bilhões para mais de US$ 1.200 bilhões entre 2000 e 2007, e os mercados financeiros mundiais têm a forte expectativa de que haverá um grande poder de compra chinês, capaz de fazer ofertas por serviços como empresas de serviços públicos, energia e construção no Ocidente, com importantes consequências para os preços dos ativos globais e as taxas de juros (pois mais dinheiro vivo chinês será injetado em outros países).

Internacionalmente, a China preocupa-se cada vez mais com a própria imagem, porque quer tornar sua presença mais proeminente na África e na América Latina, onde está transformando-se em um exportador de capital financeiro

---

* Financiamento e facilitação da aquisição de empresas ou do controle de empresas. (N.T.)

(em forte contraste com seu desejo de importar IDE). Na África, em particular, a China tem usado sua influência para investir em países como Zâmbia, Zimbábue, Nigéria e África do Sul, onde se encontram minerais, urânio e petróleo. O investimento chinês tem sido bem-vindo em países como o Zimbábue, que apresentam históricos ruins de direitos humanos, porque esse investimento não tende a chegar com exigências quanto a padrões de direitos humanos (embora a observação ocidental dessas exigências tenha sido também incompleta, para dizer o mínimo). Mas a China já começou a mudar sua posição sobre essa questão. Nas eleições presidenciais na Zâmbia, em 2006, um dos candidatos provocou um sentimento de raiva antichinesa no povo como meio de ganhar votos. Embora tenha perdido, o governo chinês ficou alarmado com a popularidade da mensagem, segundo a qual as minas sob gestão chinesa eram administradas de um modo que punha em risco as vidas dos mineiros zambianos, e segundo a qual a presença da China por toda parte significava exploração do país, e não auxílio. À medida que os governos mudam na África, os chineses podem vir a descobrir que ter apoiado um governo anterior impopular os torna vulneráveis no novo regime. Isso gerou um maior empenho em usar a diplomacia pública para sugerir às populações africanas, bem como aos líderes, que o investimento chinês é um ativo para os países em desenvolvimento e que Beijing não está seguindo os passos colonialistas do Ocidente.

Problemas do crescimento

A China não está apenas partilhando parte do sucesso dos "tigres" que se desenvolveram na Ásia durante a Guerra Fria. Sofre também com algumas das mesmas desvantagens, bem como enfrenta novos problemas em que não se pensava na década de 60.

O mais visível para qualquer um que visite a China é o nível de poluição ambiental que tem surgido junto com o crescimento. Esse não é inteiramente um problema da era de reformas. Muitas das fábricas de gestão estatal da era de Mao despejavam produtos químicos no ar e na água em profusão. Entretanto, o ritmo vertiginoso do crescimento econômico desde a década de 80 tornou o problema muitas vezes pior. O Japão na década de 60, durante seu período de crescimento pós-guerra mais acelerado, também enfrentou um sério problema de poluição. Contudo, havia fatores que ajudaram o país a superá-lo (ao menos em parte): o crescimento de grupos ambientais na sociedade civil e de escândalos veiculados na imprensa, como o envenenamento de peixes com mercúrio em Minamata, gerou uma espécie de contraponto para a agenda do governo e dos grandes negócios, que estavam mais interessados no crescimento da economia. Falta à China uma verdadeira sociedade civil, e os promotores de campanhas ambientais são mantidos sob rédea curta. Dai Qing, a jornalista cujo livro *Yangtze! Yangtze!* apresentava o argumento de que a Represa das Três Gargantas provocaria uma destruição ambiental maciça, teve seu livro proibido e ficou presa durante certo tempo. Desde o início da década de 2000, o próprio governo tem atribuído mais ênfase a problemas ambientais, particularmente quando o país demonstra mais entusiasmo em aumentar o número de turistas, sobretudo em torno da Olimpíada de Beijing. Porém, o problema está longe de ser abertamente diagnosticado ou enfrentado. Em 2004, a Administração Estatal de Proteção Ambiental (AEPA) afirmava que Y 512 bilhões de perdas diretas para a economia haviam sido causados pela poluição (cerca de 3% de todo o produto interno bruto da China).

Um dos maiores impulsionadores internos do crescimento econômico chinês é o desenvolvimento de uma classe média urbana com um estilo de vida de alto consumo. Ao mesmo tempo, o nível de consumo do país está se revelando uma pressão imensa sobre os recursos. Uma geração atrás, Beijing era uma cidade de bicicletas. Agora, é uma cidade superpovoada de engarrafamentos intermináveis no trânsito (seu sistema de transporte público está sendo expandido, mas é insuficiente para o tamanho da cidade). Em Beijing, 66 em cada 1.000 lares urbanos tinham um carro em 2007, porém o número está crescendo o tempo todo. O crescimento

17. Uma mulher usa véu contra fumaça ao andar de bicicleta em Beijing, em 1984. Desde então, a poluição ambiental da China tem piorado, e o país é agora o maior emissor mundial de dióxido de carbono na atmosfera.

de proprietários de carro encerra um problema mais amplo: a crise de energia da China. O modelo da "grande divergência" de Pomeranz estava baseado em parte na sorte da Grã-Bretanha em ter acesso a combustíveis fósseis no século XVIII. A pressão sobre o suprimento desses combustíveis na China do século XXI tem provocado graves tensões relativas a seu potencial de crescimento. Embora o país tenha suprimentos de carvão, eles são de baixa qualidade e altamente poluidores, enquanto seu suprimento de petróleo é limitado. Isso levou a uma parceria muito mais próxima com a Rússia, que supre a China por oleoduto, mas a Rússia tem outros clientes e não se pode garantir que será confiável a longo prazo. A energia nuclear é outra opção, mas os suprimentos mundiais de urânio também são limitados, embora a nova amizade da China com as nações africanas, como a África do Sul, garanta-lhe mais acesso às matérias-primas necessárias. Seu desejo de mover a população para o oeste é tolhido pelo mesmo problema que os Estados Unidos enfrentaram em sua expansão para o oeste: falta de água. O interior da China sempre teve uma população pequena por uma boa razão: era uma terra árida incapaz de produzir muitas safras. Agora que a política oficial é a "abertura para o oeste", o problema do suprimento de água tem de ser resolvido. Infelizmente, alguns rios no oeste da China, que tradicionalmente fluíam correnteza abaixo para o sudeste da Ásia, têm sido desviados para prover de água o oeste do país, deixando secas as regiões do Vietnã. A perspectiva de "guerras da água", virtual ou real, está nas mentes dos governos em torno dessa região. Acima de tudo, espera-se que a China torne-se o maior emissor mundial de carbono na atmosfera em 2008, contribuindo para o aquecimento global maciço nesse processo. A classe média da China ainda é pequena comparada com sua população rural muito mais pobre. Quando essa última se tornar mais rica, e quando a taxa muito alta de poupança nacional se reduzir com o aumento do consumo, os efeitos sobre o meio ambiente global poderão ser catastróficos.

Outro problema persistente permanece: a falta de transparência e a corrupção que a acompanha. Ainda é ilegal revelar "estatísticas econômicas estatais", inclusive informações econômicas básicas que seriam públicas em muitas economias. A organização Transparência Internacional publica um levantamento anual de percepção de corrupção em todo o mundo: em 2006, a China obteve 3,3 (em uma escala de 0 a 10, sendo 10 o menos corrupto), a mesma graduação da Índia, o que colocou os dois países em torno da metade da tabela, abaixo da Nova Zelândia (9,6) e dos Estados Unidos (7,3), mas acima do Vietnã (2,6) e do Paquistão (2,2). O funcionamento da lei na China ainda é mais instrumental que regido por princípios. Embora vários aspectos do direito criminal e comercial tenham sido revisados, geralmente com algum sucesso operacional, o Partido ainda paira acima da lei, tornando difícil operar o "Estado de direito" no sentido clássico.

Conclusão

A economia chinesa faz parte do mundo moderno? De algumas maneiras, parece refletir noções muito diferentes da adoção dos livres mercados e da retirada do Estado da economia, que circularam no Ocidente na década de 90 e mais além. O Estado e o partido estão bastante envolvidos na economia chinesa, bem como em seus investimentos alémmar, e os empresários de fora ainda encontram muitas dificuldades para penetrar no seu mercado, apesar da entrada da China na OMC em 2001. A corrupção e a falta de transparência nublam as tentativas de adivinhar o que está verdadeiramente acontecendo na economia chinesa, mas ela agora tem importância para todos no mundo – em bens manufaturados, serviços financeiros, taxas de juros e câmbio, a influência da China é inegável. Enquanto se adapta ao mundo da moderna economia globalizada, a China tem igualmente forçado o mundo a remodelar sua economia, ao menos em parte, de acordo com as necessidades chinesas.

Capítulo 6

A CULTURA CHINESA É MODERNA?

Em 1915, a reação dos intelectuais radicais ao medo de que o presidente Yuan Shikai se declarasse um novo imperador foi propor a ideia de uma "nova cultura". A mesma linguagem, mas com um argumento muito diferente, foi usada por Mao durante a Revolução Cultural, após de mais de meio século. A ideia de que a cultura da China tinha contribuído de algum modo para seu embaraço no mundo moderno tem persistido desde o tempo das Guerras do Ópio até os dias de hoje. Mas os escritores chineses contemporâneos são traduzidos e elogiados em todo o mundo; seus filmes ganham prêmios em festivais internacionais de cinema; os artistas chineses exigem altos preços nos leilões do mercado de arte global. A busca de uma cultura que seja simultaneamente moderna, mas também derivada dos desejos e inspirações chineses, continua central no empenho artístico chinês.

As origens do público leitor moderno

Desde os tempos mais antigos, a escrita tem sido valorizada na cultura chinesa. Apesar disso, durante séculos, a leitura permaneceu uma habilidade predominantemente de elite e do sexo masculino. Um elemento crucial da modernização da literatura chinesa foi seu envolvimento com um público de massa e o emprego da tecnologia para atingir esse público. Nesse processo, a dinastia Ming (1368-1644) foi importante, porque testemunhou um imenso desenvolvimento no consumo da alta cultura e da cultura popular. A China estava em paz e tornava-se mais próspera, e esse fato permitiu que surgisse um mercado para a educação, bem como para bens e serviços de luxo. Além disso, a nova tecnologia permitiu que se desenvolvessem tipos particulares de produto, como as prensas de bloco de madeira e os romances populares, que podiam ser então impressos em grande quantidade. No século XVII, o monge jesuíta Matteo Ricci observou o cuidado e a habilidade implicados na criação de um bloco de madeira, observando que um impressor habilidoso poderia fazer umas 1.500 cópias em um único dia.

A Alta Dinastia Ming e a dinastia Qing também presenciaram um interesse em conhecimento especializado e em cultura produzida para as massas. A cidade de Yangzhou, em particular, tornou-se conhecida durante a dinastia Ming como um centro onde "as pessoas, por meio dos costumes locais, valorizam a erudição e o refinamento, e a pequena nobreza promove a produção literária". Além do apreço pelos belos livros, pela caligrafia e pela pintura, o cultivo de plantas raras e a aquisição de frutas exóticas eram sinal de bom gosto. Esse conhecimento especializado declinaria com a crise econômica do final do domínio Qing, enquanto a política coletiva e a austeridade de impulso ideológico e militar de grande parte do século XX coibiram o cultivo desses gostos luxuosos. Foi só na década de 90 que a economia urbana consumista e despolitizada na China tornou a estimular as coleções pessoais de arte.

O fim da era imperial também se revelou um divisor de águas tanto para a alta cultura quanto para a cultura popular na China. Talvez a mudança mais notável na cultura escrita chinesa no início do século XX tenha sido a reforma da língua das décadas de 10 e 20. No final da era imperial, o chinês clássico ainda era usado para os documentos oficiais e as obras de literatura e história. No entanto, a língua falada tinha se desenvolvido ao longo dos séculos, desde que a forma clássica era usada, e a escrita popular, como os romances, peças teatrais e textos não respeitáveis do tipo pornografia, eram redigidos por sua vez em uma forma vernacular de chinês que refletia a língua falada. No início do século XX, muitos reformadores sentiam que não seria possível o progresso da China se a língua escrita não fosse harmonizada com a forma falada. Hu Shi (1891-1962), que havia estudado nos Estados Unidos e depois assumiu um cargo de ensino na Universidade de Peking, foi particularmente importante nesse movimento. Apesar do Estado desunido da China na década de 10, o movimento da reforma da

18. Reprodução de uma seção do rolo de pergaminho "Nove Cavalos" realizado por Ren Renfa, retirada do livro Album de pinturas do mestre Gu (1603). Durante a dinastia Ming, a arte era reproduzida para que um público mais amplo pudesse comprá-la e apreciá-la.

língua foi altamente bem-sucedido. Na época da revolução de 1911, ainda era normal que os jornais e os textos escolares fossem redigidos em uma forma simplificada da língua clássica; em meados da década de 20, a forma *baihua* (vernacular) é que a suplantara quase por inteiro. Essa mudança também teve um forte impacto na literatura chinesa, que era quase inteiramente escrita em chinês vernacular no final da década de 20. É difícil superestimar a mudança causada por essa modificação na cultura chinesa; o surgimento de uma forma vernacular oficialmente reconhecida de chinês escrito pavimentou o caminho para a alfabetização em massa e para a capacidade do Estado de usar a educação e a propaganda com o objetivo de interagir com a população (especialmente sob o PCC).

Quatro de Maio e seus críticos

Os anos entre as guerras passaram a ser considerados o período mais importante no desenvolvimento da literatura chinesa moderna. A era é às vezes caracterizada como o período "Quatro de Maio", uma referência à explosão patriótica que surgiu em protesto ao Tratado de Versalhes (ver Capítulo 2) e alimentou um poderoso movimento de repensar a sociedade que se tornou conhecido como a "Nova Cultura".

A literatura do período da Nova Cultura é notável por seu tom de crise constante. Era o produto de uma China em mudança: a nova república tinha menos de doze anos, mas já se tornara vítima dos senhores da guerra; a sociedade ainda era abalada pela pobreza; as mulheres e os homens estavam tentando encontrar novas maneiras de se relacionar uns com os outros; os escritores usavam a ficção para tratar dos problemas prementes de uma China que tentava entrar na modernidade. Muitos desses autores, inclusive Lao She, Lu Xun e Qian Zhongsu, moravam e trabalhavam no exterior, trazendo influências globais para suas obras.

O escritor geralmente considerado, mesmo hoje, o melhor da China moderna foi Lu Xun (1881-1936), o pseudônimo de Zhou Shouren. Os primeiros contos de Lu Xun são notáveis por sua condenação selvagem do que ele considerava a natureza da sociedade chinesa: voltada para dentro, egoísta e sempre enganando a si mesma. Em *A verdadeira história de Ah Q*, o anti-herói Ah Q é espancado por seus empregadores, sofre desilusões amorosas e, por fim, é acusado injustamente de assalto e executado: mas durante todo o tempo, mesmo a caminho da morte, ele está convicto de que está progredindo na vida. Ah Q é um *homem comum* chinês, mas em vez de um simpático "homenzinho" lutando contra forças maiores, Lu Xun deixa claro que Ah Q é um sujeitinho presunçoso e vaidoso, cujos problemas são criados por ele mesmo, uma clara metáfora do povo chinês como um grupo que sofre sob os senhores da guerra e os imperialistas estrangeiros. Durante a revolução de 1911, os pensamentos de Ah Q são todos sobre a vingança que poderá infligir a seus inimigos tornando-se revolucionário:

> Todas as vilas, todo o bando piolhento, ajoelhariam e implorariam: "Ah Q, poupa-nos!". Mas quem lhes daria ouvidos! Os primeiros a morrer seriam o Jovem D e o sr. Zhao. [...] Eu entraria direto lá dentro e abriria as caixas: lingotes de prata, moedas estrangeiras, casacos de brim estrangeiros.

Outra história famosa, *Diário de um louco*, aponta o dedo acusador para a crise da China de maneira ainda mais explícita. A história diz respeito a um jovem que enlouquece e então se convence de que seus amigos e sua família são canibais que querem comê-lo. Por fim, ele consulta um livro sobre a "virtude e moralidade confucianas", só para descobrir que, "nas entrelinhas", o texto real diz "comam gente". Sem nenhuma sutileza, a mensagem de Lu Xun dizia que a cultura tradicional da China era um monstro destrutivo, canibal. Essas histórias, ainda lidas por qualquer criança na escola na China de nossos dias, cimentou a reputação de Lu Xun como uma voz anticonfuciana para quem a modernização da China não chegaria tão cedo. Embora os escritos posteriores de Lu Xun adquiram um tom mais ambivalente em relação ao passado, particularmente quando o presente da China tornou-se mais intolerável, ele nunca perdeu a sensação enraivecida de que seu país afundara em tempos bastante difíceis.

Por outro lado, as obras de Lu Xun são menos claras sobre que imagem devia adotar uma China que rejeitava seu passado confuciano. Visões diferentes de modernidade são visíveis em outros escritores da época. Mao Dun (1896-1982), o pseudônimo do escritor Shen Yanbing, escreveu uma das mais belas evocações da modernidade urbana em *Meia-noite* (1933), cuja cena inicial descreve Shanghai como uma cidade iluminada por neon, com o porto dominado por um imenso anúncio que irradia as palavras "LUZ, CALOR, PODER", descrevendo aparentemente não apenas o produto anunciado, mas a própria cidade. Para quem já viu a nova Shanghai que cresceu desde 1990, esta parecerá uma cena familiar: os arranha-céus e as luzes de neon de hoje, ausentes por mais de meio século após a ascensão dos comunistas ao poder, também despertariam lembranças em qualquer um que conheceu a cidade de Mao Dun. A Shanghai de Mao Dun era fascinante, mas nefasta: os protagonistas de *Meia-noite* jogam na bolsa de valores e perdem tudo.

Um aspecto diferente da modernidade deu forma à obra de Ding Ling (1904-1986), o pseudônimo de Jiang Bingzhi. A mais famosa escritora da China moderna, Ding Ling, fez seu nome com uma novela intitulada *O diário da srta. Sophie* (1927), que discutia em um estilo de franqueza sem precedentes os desejos sexuais de uma jovem mulher. Até o nome de Sophie era um gesto na direção de um internacionalismo moderno: sem ser um nome habitual para uma chinesa, "Sophie" lembrava Sofiya Perovskaya, a revolucionária anarquista russa que tentou assassinar o czar Nicolau II. Sophie está profundamente insatisfeita com sua vida, recuperando-se de uma tuberculose em Beijing, e é deliberadamente cruel com seus amigos, na tentativa de afastá-los. Porém, ela arde de desejo por um belo jovem, confidenciando a seu diário: "Não posso controlar as ondas de louca emoção, sinto-me como se estivesse em uma cama de pregos". Mais uma vez, as contradições expressas por Sophie eram simbólicas de uma crise mais ampla que afetava as jovens urbanas na China: novas liberdades estavam oferecidas às jovens, mas como fariam uso delas?

Os dilemas de Sophie, com certeza, eram similares aos da minoria relativamente privilegiada e culta que morava nas cidades da China. A situação difícil das classes trabalhadoras foi examinada por outro grande escritor da era, Lao She (1899-1966), em seu romance *Camelo Xiangxi* (também conhecido como *Riquixá*). O protagonista, chamado Xiangzi (um nome irônico que significa literalmente "afortunado"), tenta poupar bastante dinheiro para comprar seu próprio riquixá, mas perde tudo, junto com sua noiva, que é forçada a se prostituir e morre antes que ele possa resgatá-la. O romance termina com um alquebrado Xiangzi catando baganas para ganhar a vida miseravelmente. O retrato de Xiangzi feito por Lao She é muito mais simpático e humano do que a caricatura selvagem de Ah Q apresentada por Lu Xun. Mas é evidente que Xiangzi também carrega a intenção de ser um "homem comum" e, ao se tornar vítima do "individualismo", o termo que Lao She usa para criticá-lo, ele contribui para sua própria queda. Lao She voltou-se mais tarde para a ficção científica a fim de expressar essa ansiedade. Em sua novela de 1933, *O país dos gatos*, seu protagonista é um viajante espacial que chega a Marte e descobre que os habitantes são todos gatos que passam o tempo lutando entre si e acabam vítimas da invasão de um povo minúsculo (explicitamente representando os japoneses).

A metáfora extraterrestre de Lao She teria sido compreendida por todos os escritores da era Quatro de Maio, para quem a grande causa da crise da China estava em sua incapacidade de perceber que a nação encontrava-se em perigo mortal. Por essa razão, os autores agora clássicos da era Quatro de Maio são uma leitura um tanto sombria. Talvez sem causar surpresa, embora eles tenham se tornado famosos, seus livros não foram os verdadeiros best-sellers da época. Essa distinção coube a um tipo bastante diferente de romance, conhecido genericamente como literatura "borboletas e patos mandarins", referindo-se à ficção romântica tradicional que havia surgido e circulado amplamente nos últimos tempos imperiais. Eram fantasias escapistas, com personagens comumente estereotipados (como o cavaleiro andante das artes marciais) e um vocabulário limitado que tornava as obras mais acessíveis a um público leitor mais amplo. Mas esses romances também mudaram sob o impacto da modernidade. O autor de maior sucesso nesse gênero foi Zhang Henshui (1895-1967). Seu romance *Expresso Shanghai* (1935) vale-se da ficção tradicional em seu estilo popular e animado. Contudo, os personagens são tirados da China real e em mutação da década de 20: uma "nova mulher" vestida com elegantes roupas ocidentais, um empresário magnata e um professor, entre outros. Convém salientar é o fato de o romance ser ambientado em um trem, símbolo poderoso de modernidade, velocidade, progresso. Seu maior sucesso, entretanto, foi o romance *Destino em lágrimas e risos* (1930), um longo conto picaresco que narra a decisão do herói ao escolher entre duas namoradas, uma cantora tradicional e a filha de um burocrata ocidentalizado que insistia em ser chamada "Miss Helena", à moda inglesa. O romance é repleto de fugas de arrepiar, artes marciais e loucos romances, mas seu tema central, a escolha entre a tradição e a modernidade, é evidente.

Assim como os escritores, os artistas experimentaram as novas técnicas modernas de composição, combinando as formas da arte chinesa tradicional (como a pintura de paisagens) com os temas modernos. Talvez o mais famoso artista a trabalhar com esse estilo híbrido tenha sido Xu Beihong (1895-1953), mas outros artistas usaram técnicas como a xilogravura modernista para desenvolver um novo estilo despojado; o artista Feng Zikai (1898-1975) tornou-se particularmente conhecido por seu talento nesse gênero. No entanto, a arte fora igualmente um empreendimento comercial durante séculos: do império Ming ao final do Qing, as técnicas de reprodução que haviam permitido a impressão em massa de livros também tornaram possível que imagens visuais fossem produzidas e vendidas para um mercado além das elites, e esse mercado persistiu e cresceu século XX adentro.

Escritores e artistas no governo de Mao e na reforma

Os termos definidores do trabalho artístico durante o governo Mao foram determinados durante os anos de guerra, quando em 1943 ele proferiu as "Palestras de Yan'an sobre Arte e Literatura". Mao deixou claro que, na China comunista que ele tencionava construir, "a literatura e a arte estão subordinadas à política [...]. É, portanto, uma tarefa particularmente importante ajudar [os artistas e os escritores] a superar suas deficiências e conquistá-los para a frente que serve às massas de operários, camponeses e soldados". Com o estabelecimento da República Popular, em 1949, uma breve era de modernismo soviético reinou sobre a China. Os artistas plásticos durante os anos de Mao seguiam estilos prescritos, como o realismo socialista de influência soviética e a arte extraída das tradições folclóricas. Os anos pós-1949 produziram poucos romances de real valor: algumas figuras-chave da era Quatro de Maio como Lao She e Shen Congwen julgaram mais fácil escrever pouco ou absolutamente nada. Um breve período de abertura surgiu com o movimento Cem Flores, em 1957, quando os autores tiveram permissão oficial para escrever como julgassem conveniente. Entretanto, Mao alarmou-se com as fortes críticas que eram expressas e rapidamente reprimiu as vozes discordantes, dando início à Campanha Antidireitista, que revelou "traidores" dissimulados que haviam supostamente usado a oportunidade de abertura para atacar o partido. Muitos expurgados na Campanha, como Ding Ling, foram exilados por mais de uma década para o remoto Nordeste da China.

Um novo período de criatividade teve início na década de 80 e tem continuado desde então (com um período difícil depois de Tian'anmen, em 1989). A cena literária contemporânea na China opera em uma zona cinzenta: muitos temas ainda são tabus, mas, como na era Quatro de Maio, há espaço para escritos críticos. Vários autores famosos escrevem com um olhar enviesado sobre a China moderna. Mo Yan, o pseudônimo de Guan Moye (1955-), tem construído a reputação de ser um dos principais romancistas contemporâneos; seus livros incluem *As baladas do alho*, *A república do vinho* e *Peitos grandes e ancas largas* – esse último provocou críticas por causa de sua sexualidade explícita e sua falta de distinção moral entre os comunistas e os nacionalistas durante a Guerra Civil (o livro foi durante algum tempo banido na China depois de vender 30.000 exemplares). Wang Shuo (1958-) é outro autor que soube lidar com as zonas cinzentas da produção cultural na China em romances como *Por favor não me chame de humano* e *Jogando pelo suspense*. Wang foi um best-seller da década de 90, com mais de vinte romances publicados na China e uma reputação nacional de grande escritor, mas seu estilo foi caracterizado como "literatura hooligan [de arruaceiro]" (*pizi wenxue*) devido a seu estilo e aos temas niilistas. As experiências dos dois autores mostram as ambiguidades na censura contemporânea. É muito comum, como aconteceu com o de Mo Yan, que um livro seja publicado oficialmente só para ser proibido mais tarde; ou, como aconteceu com grande parte da obra de Wang Shuo, que os livros sejam condenados sem nem sequer terem sido oficialmente proibidos. Ao mesmo tempo, tanto Mo Yan quanto Wang Shuo continuaram a ganhar salários do Estado e foram entrevistados pela imprensa oficial. O fato de esses autores poderem publicar obras ousadas é em parte uma consequência da decisão da China de se abrir novamente para o exterior: eles são agora figuras literárias internacionais bastante conhecidas, e isso significa que, mesmo quando suas obras são proibidas na China, eles próprios continuam livres. Nem todos os autores são tão afortunados, mas ainda assim os limites da censura na China são flexíveis.

Junto com os escritores, excelentes artistas e músicos têm negociado uma nova barganha com o Estado desde 1978. Sua liberdade de pintar ou executar o que desejam é muito maior do que sob o governo de Mao. Por outro lado, antes as orquestras e os artistas tinham garantida uma renda fornecida pelo Estado, como todos os outros funcionários. Agora devem operar sob as mesmas restrições comerciais que afetam quaisquer outros empreendedores. Ainda assim, o mais bem-sucedido desses artistas pode tornar-se realmente muito rico: em 2006, algumas obras do artista Zhang Xiaogang foram vendidas por US$ 23,6 milhões em um leilão, tornando-o o segundo artista mais bem-pago do mundo.

Cinema

O século XX também introduziu uma mudança significativa na maneira como os chineses contavam histórias: o cinema e, mais tarde, a televisão. O cinema chegou rapidamente à China, e em 1927 já havia mais de cem cinemas no país (a maioria em Shanghai, o cadinho da modernidade chinesa). Os filmes de Hollywood eram imensamente populares na década de 30, mas os chineses desenvolveram uma poderosa indústria local, mais uma vez centrada principalmente em Shanghai. Os anos de guerra refletiram as divisões na própria China, com filmes patrióticos sendo produzidos nas áreas nacionalistas, enquanto os cineastas em Shanghai e na Manchúria trabalhavam sob a ocupação japonesa. Entretanto, como aconteceu com seus colegas franceses durante o mesmo período, é possível ver uma resistência oculta à ocupação nesses últimos filmes. Depois da vitória sobre o Japão, os cineastas também refletiram a ambiguidade da vitória. No filme de 1947, *O rio da primavera corre para o leste*, a narrativa desenrola-se para mostrar que uma família separada pela guerra descobriu não haver reunião feliz, pois as traições pessoais de alguns membros ecoam ambiguidades e traições mais amplas na sociedade a respeito da seguinte questão: fora melhor fugir para o Oeste em 1937 ou ficar para trás, sob a ocupação?

Fazer cinema durante o governo de Mao refletia os requisitos de propaganda do regime; no período da Revolução Cultural, foram feitos muito poucos filmes. A era de reforma da década de 80 também marcou o início de um novo e poderoso cinema, fruto do trabalho pioneiro de um grupo que se tornou conhecido como a "Quinta Geração" de cineastas, cujos filmes devem ser comparados com a simultânea produção cinematográfica *glasnost* (abertura) de diretores como Elem Klimov que surgiu na União

Soviética de Gorbatchov. Talvez o expoente mais notável do grupo tenha sido Zhang Yimou (1951-). Embora muitos dos filmes de Zhang se passassem na era pré-comunista e condenassem hábitos "feudais" como o concubinato, eles pareciam refletir uma ambiguidade sobre a sociedade chinesa no presente, que estava muito longe da aclamação fervorosa da "Nova China" que os propagandistas do regime tinham retratado: a cena final de *Ju Dou* (1991) mostra uma situação caótica em uma tinturaria com a tinta vermelha derramando-se (simbolicamente) por toda a parte, contribuindo para a confusão. Cenas como esta fizeram com que alguns filmes posteriores de Zhang tivessem sua distribuição proibida na própria China, embora continuassem a ganhar prêmios no exterior.

Outros filmes, como *A história de Qiu Ju* (1992), pintavam a vida cotidiana na China rural de um modo nuançado e ambíguo (o oficial local que maltrata o marido de Qiu Ju dando-lhe um chute nos testículos, induzindo-a a tentar processá-lo, também a ajuda a dar à luz). As contradições da modernidade chinesa, e da vida sob um regime que não tinha certeza de sua própria identidade e de seu propósito, eram retratadas pelos filmes de Zhang. Outros diretores da era, inclusive Chen Kaige (1952-), cujos filmes *Terra amarela* (1984) e *Adeus, minha concubina* (1993) lançavam igualmente um olhar mais zombeteiro sobre a era de reforma, tinham uma relação difícil com os censores. Recentemente, porém, muitos dos filmes desses diretores (como *Herói* [2004] de Zhang Yimou) têm apresentado desempenhos assombrosos das artes marciais tradicionais, usando os meios de comunicação de massa para divulgar aspectos da cultura tradicional da China. As fronteiras da censura foram ainda mais testadas por filmes underground: tratando de temas tabus que vão desde a homossexualidade até as tensões durante a Revolução Cultural, esses filmes raramente conseguem ser distribuídos na China, mas podem ser vistos em DVD em apresentações privadas, aumentando o alcance da "zona cinzenta" da cultura que é oficialmente proibida, mas ainda assim está em circulação.

A televisão só se difundiu na China na década de 80 (embora um serviço limitado tenha começado a operar já em 1958). Contudo, em poucos anos, a China estava desenvolvendo o maior público de televisão do mundo, e a Televisão Central da China (CCTV) aproveitou-se do degelo da era de reforma para experimentar. Muitos programas, particularmente sobre notícias e casos atuais, eram (e são) densos e pesados, com notícias positivas servindo para apoiar a reputação do partido. Mais popular era a ampla gama de dramas de costumes que enchiam as telas, inclusive as séries baseadas em clássicos populares, como *Os proscritos do pântano* e *O romance dos Três Reinos*, bem como os dramas históricos baseados em acontecimentos antigos e mais recentes, como as Guerras do Ópio. Os programas urbanos modernos também prosperaram, como o seriado cômico *Histórias de um departamento de redação* (1991) e o drama romântico *De mãos dadas* (1999).

O poder da televisão foi revelado de forma muito clara no debate em torno da extraordinária série de televisão *Elegia do rio* (*Heshang*).

Heshang

Em junho de 1988, um dos programas mais extraordinários na história da televisão foi transmitido pela CCTV-1, o principal canal chinês. Foi reprisado uma vez (em agosto de 1988). Na esteira dos acontecimentos na Praça Tian'anmen, em 1989, foi proibido e continua proibido desde então. As pessoas envolvidas com a criação da série foram presas, ou fugiram para o exílio em Hong Kong ou no Ocidente.

O programa chamava-se *Heshang* (geralmente traduzido como *Elegia do rio* ou *Canto fúnebre do rio*). Era em parte documentário, em parte polêmica. Consistia em seis episódios que revisavam a história recente chinesa com o objetivo de tentar responder à seguinte pergunta: por que a China ainda era tão atrasada depois de um século ou mais no mundo moderno? Tinha a intenção de provocar. Entre seus principais alvos, estavam alguns dos símbolos mais valorizados da civilização chinesa: a Grande Muralha, o dragão e o Rio Amarelo (o "rio" do título). Em vez de considerar esses marcos como símbolos de uma cultura antiga e digna de orgulho, os realizadores do programa (inclusive os escritores Su Xiaokang e Wang Luxiang) condenavam-nos como exemplos do que havia atrasado a China: a Muralha serviu para isolar a China do resto do mundo; o dragão era uma criatura violenta e agressiva; o Rio Amarelo tinha o curso lento, obstruído pelo lodo, e estava contido no território chinês. Os realizadores do programa criaram um contraste simbólico com a cor azul, a cor do oceano Pacífico, onde será encontrada a nova "água da nascente" que renovará a China. O oceano Pacífico era uma referência não particularmente sutil aos Estados Unidos, cenas do qual eram mostradas durante todo o programa. Uma música arrebatadora acompanhava as cenas de acontecimentos históricos, descobertas científicas pioneiras e até mesmo a conquista espacial.

O programa endossava enfaticamente o projeto de reforma do secretário-geral do PCC, Zhao Ziyang, mas não se tratava da mera expressão de um conjunto de visões da liderança. Em vez disso, tinha uma poderosa agenda política própria, expressa na seguinte frase: "Muitas coisas na China, ao que parece, devem retornar ao Quatro de Maio". O Movimento Quatro de Maio de 1919, com o slogan de que a China precisava de "ciência e democracia", estava no centro da agenda dos realizadores dos filmes. Todavia, dizer que a promessa do Quatro de Maio não fora cumprida era realmente perigoso, pois o próprio PCC tirava sua legitimidade do fato de ter surgido durante a era Quatro de Maio e de o próprio Mao ter participado do fermento intelectual da época. Os criadores de *Heshang* explicitaram sua agenda bem no fim do sexto episódio: declararam que um governo ditatorial era marcado pelo "sigilo, pelo domínio de um só indivíduo e pelos caprichos de seu temperamento", enquanto a democracia consistia em "transparência, capacidade de responder à vontade popular e abordagem científica". Era clara a referência aos elementos conservadores no PCC e ao legado de Mao.

O programa gerou uma onda de loucura: discussões a seu respeito apareciam nos jornais, e milhares de cartas eram enviadas ao canal de televisão. Até os bastiões da ortodoxia do partido, como o jornal *Diário do Povo*, reimprimiam partes do roteiro e apresentavam discussões sobre a mensagem da série.

Os acontecimentos dos dias 3 e 4 de junho de 1989 puseram fim ao degelo na discussão pública de que *Heshang* havia sido uma das partes mais importantes. No outono de 1989, reuniu-se uma mesa redonda de importantes historiadores para condenar *Heshang* como reacionário, repleto de erros históricos e desnecessariamente ofensivo ao povo chinês. Em retrospectiva, o programa parece realmente uma narrativa histórica em seu entusiasmo quase ingênuo pela possibilidade de o pensamento ocidental transformar a China. Porém, o programa foi uma tentativa extremamente audaciosa não só de adotar ortodoxias antigas, mas também de usar o passado da China (o Movimento Quatro de Maio) para defender um caminho alternativo. Ocasionalmente, programas de televisão abalam toda uma sociedade. Nos Estados Unidos, a minissérie *Raízes* (1977) forçou o país a reconsiderar a sua herança de escravidão. No Reino Unido, *Cathy volta para casa* (1966) revelou que as vidas dos pobres da Grã-Bretanha podiam ser dilaceradas pela falta de um lar. Quanto à China, nunca houve, e talvez nunca volte a haver, um programa de televisão tão sério, tão convincente, tão importante como *Heshang*.

A condenação, em *Elegia do rio*, daquilo que o programa considerava a civilização chinesa antiquada e voltada para dentro de si mesma incluía ousadamente Mao, o "falso imperador camponês", na lista dos fatores que tinham contribuído para o atraso na China. Centenas de milhões de chineses podem muito bem ter assistido a pelo menos alguns dos seis episódios de *Elegia do rio*, antes de o programa ser proibido na esteira da Praça Tian'anmen, em 1989.

Elegia do rio marcou o último fôlego do "novo Movimento Quatro de Maio" da década de 80, um entusiasmo alegre e de certo modo ingênuo pela cultura ocidental como um mecanismo para "salvar a China". A política pós-Guerra Fria mais nacionalista da década de 90 refletia-se da mesma forma na televisão da época. Uma série particularmente notável foi o drama-comédia de 1993 *Um homem de Beijing em Nova York*. O protagonista da série, um negociante que se mudara para os Estados Unidos, descobriu-se ao mesmo tempo ressentido com as atitudes condescendentes dos americanos em relação aos chineses, mas também regozijando-se por superá-los nos negócios. *Elegia do rio*, apenas cinco anos antes, havia pensado a América como o "oceano azul" que regeneraria a "terra amarela" da civilização seca da China. O *Homem de Beijing* era uma afirmação mais ambivalente da amizade sino-americana, para dizer o mínimo.

A televisão chinesa tornou-se mais profissional e mais diversificada na década de 90 e no início da década de 2000, embora ainda permanecesse fortemente sob o controle do Estado. Tornou-se também mais internacionalizada. Um exemplo notável foi a contribuição da China para a loucura global de competições de cantores amadores (espetáculos como *Pop Idol*, no Reino Unido, e *American Idol* nos Estados Unidos). Um canal de televisão com sede na província de Hunan lançou sua própria versão em 2005, sendo o título completo *Concurso SuperGirl do iogurte mengniu*: 120 mil mulheres participaram, e a final foi vista por 400 milhões de pessoas, que telefonavam para dar apoio a Li Yuchun, uma moça de 21 anos de Sichuan que foi a vencedora, com 3,5 milhões de votos.

O programa foi notável por muitas razões. *SuperGirl* é provavelmente o que a China teve de mais próximo a uma eleição livre em todo o país desde 1912. Com certeza não foi bem-recebido pela emissora nacional oficial, a Televisão Central da China (CCTV), que declarou ser o programa "vulgar e manipulador". O programa não foi reprisado em sua forma original no ano seguinte, embora a falta de entusiasmo da CCTV possa ter sido alimentada tanto pelo medo de que a sua receita publicitária fosse

19. No centro, Li Yuchun, que venceu o concurso de canto *SuperGirl* apresentado na televisão chinesa em 2005. Mais de 400 milhões de pessoas assistiram ao programa, e 8 milhões enviaram mensagens escritas "de apoio" às cantoras (a palavra "voto" foi evitada por causa de suas implicações políticas).

sugada pelo canal regional concorrente quanto por preocupações políticas.

SuperGirl também foi notável por sua semelhança com outros concursos desse tipo em todo o mundo. Na era pós-Guerra Fria, ouvia-se com frequência que a política tinha se tornado quase irrelevante nas democracias ocidentais, pois havia pouca diferença entre a direita e a esquerda, e os cidadãos voltaram-se para o consumo materialista e para a satisfação individual... *SuperGirl* sugeria que esse medo não existia apenas nas democracias: a ideia da celebridade individual como meta de vida estava o mais longe possível do conceito maoísta de uma boa vida e, se afastava os jovens da dissidência política, tanto melhor no que dizia respeito ao Estado da era de reforma. As propagandas televisivas da época inculcavam essa mensagem. No mesmo ano da veiculação de *SuperGirl*, um comercial de televisão mostrava uma jovem dando o fora num namorado desagradável, em seguida tomando um refrigerante, e o comercial concluía com uma voz em off: "Ame mais a você mesma". Em uma propaganda impressa, enquanto isso, uma linha de roupas populares era anunciada com o slogan gritantemente antimaoísta "diferente das massas". A cultura da individualidade produzida pelas massas chegou na China para ficar.

Arquitetura e a cidade moderna

As formas culturais mudaram em torno dos chineses ao longo do século XX, e uma das mudanças mais visíveis, indicando a passagem do pré-moderno para o moderno, foi o modo como o planejamento urbano foi para sempre alterado. Por séculos a fio, as cidades chinesas foram organizadas segundo um mesmo padrão. Ao se aproximarem da cidade, os viajantes viam primeiro, de uma distância de quilômetros, muros de tijolos cinza que circundavam qualquer povoamento de tamanho considerável. Dentro dos muros da cidade, o *yamen** do magistrado e os escritórios dos burocratas ficavam no centro, enquanto as áreas comerciais e residenciais irradiavam-se a partir desse ponto.

Uma das primeiras cidades a violar essa regra foi Shanghai. Expandida como um porto regido pelos termos de um tratado que tinha como objetivo principal o comércio e não o governo, a Zona Internacional, controlada por estrangeiros, tinha no seu centro uma longa rua de lojas, a Nanjing Road, que não levava a um edifício do governo, mas ao hipódromo. Embora a presença imperialista provocasse grande raiva na China, era também o exemplo de modernidade que estava mais claramente diante dos olhos das pessoas, e os reformadores chineses indicavam sua própria adesão às normas da cidade moderna, reproduzindo-as.

Assim, os grandes muros de Cantão foram destruídos na década de 20 pela administração local chinesa, que era aliada ao Partido Nacionalista (então ainda um poder regional, e não nacional). Em seu lugar, apareceram os bulevares comerciais e as rodovias. O governo nacionalista, que assu-

---

* Residência-escritório. (N.E.)

miu o poder com Chiang Kaishek em 1928, tinha grandes planos para sua nova capital em Nanjing: ela teria vias arteriais, avenidas ladeadas por árvores, postes de luz elétrica e uma nova sede palacial para o partido, que combinava as características do Templo do Céu em Beijing e do Capitólio americano em Washington. Menos de dez anos depois, os nacionalistas tiveram de se retirar da capital, deixando a maior parte desse planejamento nos reinos da imaginação. A guerra contra o Japão interrompeu a maior parte dos grandes planos de construção, e muitas cidades foram pesadamente bombardeadas, o que destruiu vários edifícios e muros antigos.

Contudo o maior período de mudança nos horizontes urbanos da China tem sido a era pós-1949. Os nacionalistas sonhavam em usar a arquitetura como poder: os comunistas realizaram esse sonho. Pouquíssimas das principais cidades da China atual refletem a topografia que os residentes de cem anos atrás teriam conhecido. Por toda a China, desde a década de 50, os muros tradicionais das cidades foram derrubados; os sinuosos becos das cidades internas foram destruídos para dar lugar a edifícios de muitos andares, enquanto os antigos templos e escritórios do governo foram demolidos para serem substituídos por edifícios, alguns no estilo "bolo de casamento gótico" soviético, porém mais comumente na linguagem branda do modernismo internacional.

Grande parte da rejeição do passado da China que marcou a Revolução Cultural – rejeição da literatura, da filosofia, da arte – tem sido revogada desde a década de 80, pois tanto o partido quanto o povo procuram redescobrir sua própria herança. Essa mudança tem sido muito menos evidente no planejamento urbano e na arquitetura. Até os dias de hoje, grandes partes das principais cidades da China ressoam com o barulho da bola de demolição e da britadeira. Uma exceção significativa, ainda que parcial, é Shanghai. Boa parte de sua antiga arquitetura colonial, particularmente as áreas no centro da cidade, tem sido cuidadosamente preservada e até ostenta placas dando detalhes de sua história. Ironicamente, a arquitetura nativa de outras cidades está sob maior ameaça. A decisão de conceder à cidade a realização dos Jogos Olímpicos de 2008 foi um grande estímulo para a construção em Beijing, mas o frenesi dos trabalhos de construção tem sido quase sempre às custas dos edifícios mais antigos da cidade: os antigos becos (*hutong*), com seu estilo de vida em construções de poucos andares e quintais, têm sido marcados por toda a cidade com o caráter *chai*, que significa "para demolição". A cidade os tem substituído por blocos de torres nos subúrbios e, no centro, por novos edifícios sofisticados projetados por arquitetos internacionais como Rem Koolhaas e I. M. Pei. As autoridades têm apresentado muitas razões para a eliminação em grande escala de uma parte tão vasta da antiga Beijing, citando em particular a natureza pouco higiênica e prática dos *hutongs* para a vida contemporânea. Muitos desses becos não tinham água encanada nas casas, e os banheiros comunais eram gelados no inverno e insuportavelmente abafados no verão. Os antigos becos de cidades como Chengdu e Kunming, encantadores apesar de pouco práticos para automóveis e para o encanamento moderno, têm sido

20. Em 1990, a margem leste do rio Huangpu em Shanghai consistia em baixios lamacentos e depósitos de mercadorias. Agora é uma metrópole de arranha-céus, um sinal do retorno de Shanghai à sua antiga importância como um centro global de comércio e finanças.

igualmente derrubados em favor de arranha-céus e blocos de torres. No entanto, as substituições em geral mostram pouca evidência de um traço distintivo chinês. No início do século XX, os nacionalistas em Cantão tentaram mostrar sua modernidade adaptando-se ao planejamento urbano globalizado (isto é, ocidental); essa tendência ainda é notória no governo da China no início do século XXI.

Conclusão

A China existe em um contexto cultural global. No século XX, a tendência foi absorver sobretudo normas culturais, fossem modernos gêneros literários, estilos cinematográficos ou técnicas arquitetônicas e artísticas. Entretanto, há sinais de que aspectos dessa tendência estão mudando e de que a China começa a se sobressair não só como uma potência militar e econômica, mas também como centro cultural de grande força (às vezes chamado de "poder suave"). Os filmes têm ajudado nesse ponto, a exemplo da popularidade das extravagâncias das artes marciais de Zhang Yimou. O aprendizado da língua chinesa tem aumentado em todo o mundo, estimulado por uma nova percepção da importância global da China e alimentado por um programa de "Institutos Confúcio" patrocinado pelo governo, com escolas de línguas modeladas segundo o British Council. Além disso, deve-se notar a forte influência do internacionalismo na formação da cultura chinesa moderna. Mesmo no período mais fechado da história da China moderna – o governo de Mao –, os modelos culturais vinham da União Soviética, e as ideias marxistas-leninistas eram difundidas. No período antes de 1949 e a partir de 1978, uma variedade assombrosa de influências, de gurus da gestão americanos a filósofos franceses e a Mahatma Gandhi, tem remodelado o significado chinês do "eu" moderno e o significado da "cultura" chinesa.

Capítulo 7
Admirável China nova?

Este livro começou com uma "nova China" imaginada um século atrás. O que pensamos da nova China pode ser influenciado por nossa reação a uma outra visão que não foi escrita com a China em mente – a modernidade do *Admirável mundo novo* (1932) de Aldous Huxley.

O protagonista do livro, o Selvagem, é trazido da selva para uma "civilização" ambientada no futuro vários séculos distante, onde todo mundo é feliz: confortos materiais à mão, indivíduos inseridos em categorias sociais que condizem com suas necessidades, sendo que as informações perigosas e incômodas são mantidas firmemente sob repressão. Aqueles que têm mentes hiperativas – e eles são poucos – acabam exilados na Islândia, para onde o sistema manda "todas as pessoas que não estão satisfeitas com a ortodoxia, que têm ideias próprias e independentes".

Perto do clímax do livro, o Selvagem confronta Mustapha Mond, o "Controlador do Mundo", que defende o mundo seguro, aconchegante e inquestionável que ele e seu sistema criaram: Mond admite que "estar satisfeito não tem o charme de uma boa luta contra a desgraça... A felicidade nunca é grandiosa".

O Selvagem reivindica "o direito de ser infeliz". O Controlador replica:

> "Sem falar [...] no direito de ter pouco para comer; no direito de ser vil; no direito de viver em um receio constante do que pode acontecer amanhã; no direito de contrair tifo; no direito de ser torturado por dores inexprimíveis de todo tipo."
> Houve um longo silêncio.
> "Reivindico todos esses direitos", disse o Selvagem por fim.
> Mustapha Mond deu de ombros. "Como quiser", disse ele.

Tanto Mond quanto o Selvagem estão certos – e errados. A China atual está muito longe de ser um admirável mundo novo, ainda que a linha do horizonte noturno de Shanghai aparente isso. Mas a conversa entre o Selvagem e o Controlador fala sobre a procura infinitamente difícil de equilíbrio que tem afetado todos os governos – a dinastia Qing da "Nova China" de 1910, os nacionalistas, a "Nova China" de Mao ou o fomento de "um desenvolvimento pacífico" dos líderes atuais – na hora de decidir qual será a relação entre o Estado, o partido e o povo em uma China verdadeiramente moderna. Ela pode se dar ao luxo de conceder ao povo "o direito de ser infeliz", ou precisa exilar na sua Islândia aqueles que reivindicam esse direito? As pessoas que vivem em uma pobreza desesperadora são capazes de ser livres em qualquer sentido significativo? Aqueles que têm televisão, água encanada e um carro, mas não podem discutir abertamente suas opiniões sobre política, estão sendo infantilizados por um Estado e um partido exageradamente protetor e às vezes vingativo? As respostas a essas perguntas estão no coração da trajetória sempre mutável, talvez jamais finalizada, rumo ao que significa ser moderno e ser chinês.

Linha do tempo

1368	Fundação da dinastia Ming
1644	Queda da dinastia Ming, fundação da dinastia Qing
1842	O tratado de Nanjing termina a primeira Guerra do Ópio
1856-1864	Rebelião Taiping
1900	Revolta dos Boxers
1911	A revolução causa o colapso da dinastia Qing
1919	Manifestações de Quatro de Maio
1925	Movimento Quatro de Maio
1926-1928	Expedição do Norte dos nacionalistas e comunistas
1928	Estabelecimento do governo nacionalista em Nanjing
1934-1935	A Longa Marcha dos comunistas: Mao começa a subir ao poder
1937	Deflagração da guerra contra o Japão: os nacionalistas retiram-se para Chongqing
1945	Fim da guerra contra o Japão
1946-1949	A guerra civil termina com a vitória comunista
1958-1962	O Grande Salto para Frente causa uma fome generalizada
1966-1976	Revolução Cultural: Mao em guerra contra o próprio partido
1976	Morte de Mao
1978	Deng Xiaoping consolida sua posição de líder supremo

1989	Manifestações na Praça Tian'anmen terminam em banho de sangue
1989	Jian Zemin é escolhido como novo líder do partido Comunista
1992	A "viagem ao sul" de Deng energiza as reformas
1997	Morte de Deng Xiaoping: Jian Zemin é reconfirmado como líder
2001	Beijing é escolhida como sede dos Jogos Olímpicos de 2008
2001	A China ingressa na Organização Mundial do Comércio
2002	A liderança passa a Hu Jintao
2007	Hu é confirmado como líder

Referências

Capítulo 1
W.Y. Fullerton e C.E. Wilson. *New China: A Story of Modern Travel* (Londres, 1910), p. 234.

Capítulo 2
Chen Hongmou: William Rowe. *Saving the World: Chen Hongmou and Elite Consciousness in Eighteenth-Century China* (Stanford, 2001), esp. Cap. 9.

Wei Yuan: Philip Kuhn. *Origins of the Modern Chinese State* (Stanford, 2002), p. 39, p. 48.

Primeira Guerra Mundial: Xu Guoqi. *China and the Great War: China's Pursuit of a New National Identity* (Cambridge, 2005), esp. Part II.

Capítulo 3
Taxa de mortalidade em 1930: Lloyd Eastman. "Nationalist China during the Nanking Decade, 1927-1937", in John K. Fairbank e Albert Feuerwerker (eds.). *Cambridge History of China*, volume 13 ("Republican China, 1912-1949"), p. 151.

Madame Chiang Kaishek: Pei-kai Cheng e Michael Lestz. *The Search for Modern China: A Documentary Collection* (Nova York, 1999), p. 296.

Edgar Snow. *Red Star over China* (orig. 1937; Londres, 1973), p. 92.

Tan Zhenlin: Jasper Becker. *Hungry Ghosts: China's Secret Famine* (Londres, 1996), p. 59.

Citações da Guarda Vermelha: Song Yianyi et al. *Chinese Cultural Revolution Database* (Hong Kong, 2002).

Wang Hui: Wang Hui. *China's New Order: Politics, Society and Economy in Transition*, ed. Theodore Huters (Cambridge, Mass., 2003), p. 180.

Capítulo 4

Zou Taofen: Rana Mitter. *A Bitter Revolution: China's Struggle with the Modern World* (Oxford, 2004), p. 69.

Li Yu: Dorothy Ko. *Cinderella's Sisters: A Revisionist History of Footbinding* (Berkeley, 2005), p. 152.

Mao sobre a Srta. Zhao: Stuart Schram (ed.). *Mao's Road to Power* (Armonk, NY, 1992), vol. 1, p. 423.

Envelhecer: Michael Backman. *The Asian Insider* (Houndmills, 2006), p. 225.

Números sobre rendas: Randall Peerenboom. *China Modernizes: Threat to the West or Model for the Rest?* (Oxford, 2006), esp. Cap. 4.

Capítulo 5

Brandt: Loren Brandt. *Commercialization and Agricultural Development: Central and Eastern China, 1870-1937* (Cambridge, 1989), Cap. 7.

Economia da China Ocidental: Chris Bramall. *In Praise of Maoist Economic Planning: Living Standards and Economic Development in Sichuan since 1931* (Oxford, 1993), esp. p. 335-340.

Capítulo 6

Yangzhou: Timothy Brook. *The Confusions of Pleasure: Commerce and Culture in Ming China* (Berkeley, 1998), p. 128.

Rolo de pergaminho Nove Cavalos: (imagem) Craig Clunas. *Art in China* (Oxford, 1997), p. 182.

Ah Q: "The True Story of Ah Q", in Lu Xun. *Call to Arms*, trad. Yang Xianyi e Gladys Yang (Beijing, 1981), p. 99.

Palestras de Yan'an: Bonnie S. Macdougall. *Mao Zedong's "Talks at the Yan'an conference on literature and art": A Translation of the 1943 Text with Commentary* (Ann Arbor, 1980).

Zhang Xiaogang: Jonathan Watts. "Once hated, now feted", *Guardian*, 11 de abril de 2007, p. 29.

Planejamento da cidade de Nanjing: William Kirby. "Engineering China: Birth of the Developmental State", in Wen-hsin Yeh (ed.). *Becoming Chinese: Passages to Modernity and Beyond* (Berkeley, 2000), p. 139-141.

CAPÍTULO 7

Aldous Huxley. *Brave New World* (orig. 1932; Londres, 1984), p. 178, 192. (Edição brasileira: Aldous Huxley. *Admirável Mundo Novo*. trad. Lino Vallandro e Vidal Serrano. São Paulo: Globo, 2009.)

Leituras complementares

Os livros desta lista são em sua maioria obras acadêmicas, mas incluem deliberadamente alguns que foram escritos tendo em vista um público leitor, ao menos em parte, não acadêmico e que não exigem um conhecimento abrangente da China para serem lidos proveitosamente. Não se pretende desconsiderar os muitos colegas cujas monografias e artigos mais especializados contribuíram para compor este volume. Para os leitores que desejam realmente examinar estudos mais detalhados sobre questões particulares, sugere-se consultar o guia de leitura no final de *A Bitter Revolution*, de Rana Mitter.

O padrão da história chinesa moderna

John Fairbank et al. *The Cambridge History of China*, vols. 10-15 (Cambridge, várias datas): ensaios detalhados resumindo os temas-chave na história política, social e cultural.

John Gittings. *The Changing Face of China: From Mao to Market* (Oxford, 2005): um relato detalhado da República Popular de 1949 até o presente.

Rana Mitter. *A Bitter Revolution: China's Struggle with the Modern World* (Oxford, 2004): traça o impacto e o legado do Movimento Quatro de Maio na moderna política e cultura chinesa.

Jonathan Spence. *Em Busca da China Moderna: Quatro Séculos de História*. Trad. Pedro Maia Soares e Tomás Rosa Bueno. São Paulo: Companhia das Letras, 1996.

A China pré-1949

Robert Bickers. *Empire Made Me: An Englishman Adrift in Shanghai* (Londres, 2003): relato envolvente das complexidades do imperialismo na China, narrado por meio da vida de um homem.

Lloyd Eastman. *Family Fields and Ancestors: Constancy and Change in China's Social and Economic History,*

1550-1949 (Nova York, 1988): um guia acessível à mudança social e econômica da China desde a dinastia Ming até 1949.

Henrietta Harrison. *The Man Awakened from Dreams: One Man's Life in a North China Village, 1857-1942* (Stanford, 2005): retrato comovente de um homem que vivia na China rural do final da dinastia Qing até a guerra contra o Japão.

Kenneth Pomeranz. *The Great Divergence: China, Europe, and the Making of Modern World Economy* (Princeton, 2000): estudo altamente influente a respeito das diferenças entre o desenvolvimento econômico da China e da Europa.

Philip Short. *Mao: A Life* (Londres, 1999): estudo profundamente pesquisado e pensado sobre a vida de Mao Zedong.

POLÍTICA, SOCIEDADE E CULTURA NA ERA DE REFORMA

Geremie Barme. *In the Red: On Contemporary Chinese Culture* (Nova York, 1999): relato de grande alcance sobre o panorama cultural da China feito por um observador de grande conhecimento.

Richard Baum. *Burying Mao: Chinese Politics in the Age of Deng Xiaoping* (Princeton, 1994): relato detalhado e claro acerca do desenvolvimento da China de 1976 até meados da década de 90.

Joseph Fewsmith. *China since Tiananmen: The Politics of Transition* (Cambridge, 2001): particularmente direcionado a debates intelectuais na China.

Lionel M. Jensen e Timothy B. Weston. *China's Transformation: The Stories Beyond the Headlines* (Lanham, MD, 2007): conjunto vivo de ensaios sobre uma variedade de tópicos relacionados à sociedade e à cultura chinesa contemporânea.

Graham Hutchings. *Modern China: Companion to a Rising Power* (Londres, 2000): guia abrangente que trata de uma ampla gama de tópicos históricos e contemporâneos.

Richard Curt Kraus. *The Party and the Arty: The New Politics of Culture* (Lanham, MD, 2004): uma clara explanação a respeito de como a arte e o mundo cultural da China ingressaram na era comercial.

Norman Stockman. *Understanding Chinese Society* (Cambridge, 2000): introdução detalhada às mudanças e continuidades nas estruturas sociais chinesas.

ÍNDICE REMISSIVO

A

abertura 9, 71, 73-75, 103, 118, 125, 135, 137
África 10, 12, 79, 98, 109, 110, 121, 122, 125
agricultura 22, 65, 66, 72, 112
água 94, 114, 117, 123, 125, 140, 146, 149
Alemanha, província Shandong 38, 42, 103, 116
ambiente 12, 109, 112, 125
áreas rurais 9, 57, 66, 94
áreas urbanas 72
arquitetura e cidades modernas 144
arte 9, 14, 18, 127-129, 134, 135, 145, 157
assistência médica 50, 120

B

bens de consumo 94, 95, 97, 107, 115, 118, 120
"bondade divina" (tianliang) 28

C

censura 11, 109, 136, 138
Chen Hongmou 27, 84, 152
Chiang Kaishek 26, 46, 47-49, 51, 53, 61, 81, 91, 101, 106, 117, 145, 152, 163
ciência e tecnologia 72, 79, 94
cinema 40, 127, 137

classe média 26, 34, 37, 38, 94, 99, 119, 123, 125
coletivização da terra 65
comércio 23, 40, 78, 96, 115-117, 144, 146
confucionismo 15-17, 53, 80
Conselho de Segurança da ONU 79
Corrupção 91
cultivo pessoal (xiushen) 101
cultura 13, 14, 18-20, 23-25, 32, 43, 63, 78, 84, 85, 102, 127, 128, 130, 131, 138, 140, 142, 144, 147, 155, 156

D

democracia e participação política 39, 43, 73, 76-78, 107, 140, 164
demonstrações
ver também protesto na Praça Tian'anmen 12, 43-45, 76, 101, 108
Deng Xiaoping 20, 68, 71, 73, 74, 108, 118, 150, 151, 156
desenvolvimento pacífico ou "ascensão pacífica" (*heping jueqi*) 10, 149
desigualdade 78
diáspora 19, 37, 109
dinastia Qing 10, 13-15, 24, 25, 28-31, 33-38, 53, 80, 84, 90, 105, 128, 149, 150, 156

dissidência política 49, 107, 143
domínio dos senhores da guerra e regionalismo 41

E

economia 10, 12, 20, 21, 32, 35, 50, 51, 58, 65, 72-74, 81, 88, 92, 96, 107, 110-118, 120, 121, 123, 126, 128
   crescimento 12, 15, 21, 23, 78, 79, 84, 88, 94, 98, 108, 111-114, 118, 120, 122, 123, 125
   Estados Unidos 11, 12, 39, 49, 61, 65, 71, 73, 79, 85, 93, 98, 102, 109, 111, 116, 120, 121, 125, 126, 128, 140-142
   Europa 20-23, 26, 40, 42, 96, 110, 112, 113, 115, 156
   Grande Salto para Frente 63, 65-67, 87, 98, 104, 117, 150
   Hong Kong 18, 30, 77, 100, 105, 108, 109, 118, 139, 152
   liberdade 27, 38, 40, 75, 95-98, 100, 118, 136
   Mao Zedong 14, 38, 43, 44, 48, 58, 59, 70, 82, 85, 102, 153, 156, 163
   mercado internacional 115
   Partido Nacionalista 39, 43, 86, 144

educação 12, 16, 28, 34, 41, 75, 84, 86, 94-96, 99, 101, 104, 110, 112, 127, 130
Elegia do Rio (*Heshang*) programa de televisão 139, 141, 142
elites 13, 22, 33, 36-38, 54, 56, 86, 90, 134
energia 12, 33, 51, 121, 125
enfaixe dos pés 19, 41, 86
escritores 63, 127, 130, 132-136, 140
Estados Unidos 11, 12, 39, 49, 61, 65, 71, 73, 79, 85, 93, 98, 102, 109, 111, 116, 120, 121, 125, 126, 128, 140-142
estrangeiros, presença e expulsão de 9, 29, 30, 32, 33, 35, 38-41, 44, 71, 73, 77, 80, 99, 118, 131, 144
Estupro de Nanjing 55
Europa *ver* Ocidente
expansão 11, 16, 29, 39, 40, 54, 90, 125
Expedição do Norte de 1926-1928 26, 45, 150

F

feudalismo 19, 25, 31, 48
fome 36, 50, 56, 65, 66, 87, 116, 150, 163
Frente Unida entre comunistas e nacionalistas 58

G

Google 11, 95
governo representativo 56

159

Grã-Bretanha, crescimento econômico na 39, 61, 66, 90, 108, 109, 125, 141
Grande Salto para Frente 63, 65-67, 87, 98, 104, 117, 150
Guarda Vermelha 69, 152
guerra
    guerras civis 90, 91
    Guerra Sino-Japonesa 31, 54, 55, 87, 105, 115
    Japão 31, 32, 34, 35, 39, 40, 42, 46, 54, 56, 58, 60, 61, 62
    Primeira Guerra Mundial 39, 42, 152
    Rebelião Taiping 89
    Revolta dos Boxers 33, 35, 150
Guerra Fria 13, 52, 61, 63, 65, 79, 102, 105, 116, 122, 142, 143
guerras civis 90, 91
Guerras do Ópio 25, 50, 108, 127, 139
Guerra Sino-Japonesa 31, 54, 55, 87, 105, 115

H

hierarquia 18, 22, 25-27, 42, 72, 80, 110
Hong Kong 18, 30, 77, 100, 105, 108, 109, 118, 139, 152

I

identidade étnica ou nacional 15, 63

igualdade 21, 26, 72, 82, 86-88, 110
Iluminismo 21, 78
imperialismo 12, 18, 23, 29, 35, 40, 44, 51, 91, 98, 114, 155
    Ocidente 9, 10, 11, 13, 21, 34, 61, 62, 70, 71, 73, 77-80, 92, 98, 99, 111, 117, 121, 122, 126, 139
industrialização 49, 52, 112, 114
inflação 36, 56, 76, 91, 118, 119, 120
intelectuais 43, 45, 75, 76, 78, 81, 127, 156
internet 11, 95, 99
investimento estrangeiro 118

J

Japão
    cinema 137
    Manchúria 41, 50, 58, 137
    Restauração Meiji 25, 32
    sentimento antijaponês 92, 93

L

lei 29, 96, 119, 126
liberdade 27, 38, 40, 75, 95-98, 100, 118, 136
literatura 14, 43, 127, 128, 130, 133, 135, 136, 145
Longa Marcha 52, 54, 57, 59, 91, 150, 163
luta de classes 48, 49, 63

M

manufatura 118, 119
Mao Zedong 14, 38, 43, 44, 48, 58, 59, 70, 82, 85, 102, 153, 156, 163
    Arte e Literatura 135
    cinema 137
    culto da personalidade 63
    Grande Salto para Frente 63, 65-67, 87, 98, 104, 117, 150
    influência ocidental, remoção da 63
    retificação (zhengfeng) 59
    Revolução Cultural 11, 37, 67, 69-72, 75, 87, 88, 92, 97, 100, 104, 127, 137, 138, 145, 150, 163
    sociedade rural 64
    União Soviética 37, 61, 63, 65, 66, 70, 71, 73, 98, 102, 116, 117, 138, 147
    violência 16, 49, 57, 64, 65, 70, 71, 80, 87, 104
    Yan'an 58, 60, 135, 153
Massacre de Nanjing (Estupro de Nanjing) 55, 92
"moderno", significado de 13, 19, 24
moeda 11, 56, 73, 113, 120, 121
Movimento "Nova Cultura" 24, 127
Movimento Nova Vida 52
Movimento Quatro de Maio 23, 42-44, 106, 140, 141, 150, 155

mulheres 18, 28, 33, 34, 40, 66, 82-88, 130, 142

N

nacionalismo 25, 26, 41, 49, 80, 92

O

Ocidente 9-11, 13, 21, 34, 61, 62, 70, 71, 73, 77-79, 80, 92, 98, 99, 111, 117, 121, 122, 126, 139
    estrangeiros, presença ou expulsão de 9, 29, 30, 32, 33, 35, 38-41, 44, 71, 73, 77, 80, 99, 118, 131, 144
    Guerras do Ópio 25, 50, 108, 127, 139
    Primeira Guerra Mundial 39, 42, 152
    progresso, ideia de 9, 20, 21, 22, 93, 115, 118, 128, 131, 134
    Reinos Combatentes, período dos 16, 89
    Revolta dos Boxers 33, 35, 150
Olimpíada de Beijing 123
Organização Mundial do Comércio (OMC) 121

P

Partido Comunista *ver* Partido Comunista Chinês (PCC)
Partido Comunista Chinês (PCCh) *ver também* Mao Zedong

Partido Nacionalista (Guomindang ou Kuomintang) 39, 43, 86, 144
　Frente Unida 58
　Guerra Civil contra os Comunistas (1946-1949) 56, 62, 91, 106, 136
　invasão japonesa 55, 62
　Manchúria, invasão japonesa da 41, 50, 58, 137
　modernidade 14, 20, 21-24, 26, 31, 32, 34, 40, 48, 51, 53, 60, 68, 69, 79, 81, 87, 98, 100, 130, 132, 134, 137, 138, 144, 147, 148
　partido comunista chinês 14
　Sun Yatsen 26, 37-39, 43-45, 49, 51, 56
　Taiwan 14, 18, 31, 46, 60, 92, 99, 105-109, 116, 118, 119, 121
pobreza 12, 19, 38, 48, 58, 61, 68, 78, 93, 95, 111, 130, 149
"política do filho único" 88
população 9, 15, 28-30, 36, 50, 54, 55, 58, 62-64, 88, 89, 93, 94, 100, 101, 103, 104, 106, 107, 113, 114, 116, 117, 125, 130
Primeira Guerra Mundial 39, 42, 152
propriedade privada 119

protesto na Praça Tian'anmen 37, 68, 75, 98, 99, 103, 108, 139, 141, 151

Q

Quatro Modernizações 72, 119

R

Rebelião Taiping 89
reforma 9, 31, 32, 35, 48, 53, 62, 64, 71, 73, 74, 77, 78, 88, 91-93, 95, 97, 107, 116, 118-120, 122, 128, 135, 137-140, 143, 156
reforma agrária 62, 64
reforma da língua 128
reformas Xinzheng (nova governança) 34, 36, 37
religião 15, 21, 32, 100
república, crise da 38
Restauração Meiji 25, 32
retificação (*zhenfeng*) 59
Revolta dos Boxers 33, 35, 150
Revolução Cultural 11, 37, 67, 69-72, 75, 87, 88, 92, 97, 100, 104, 127, 137, 138, 145, 150, 163
Rússia
　ver também União Soviética 12, 14, 18, 45, 96, 125

S

Shanghai 11, 40, 41, 44, 47, 49, 52, 54, 77, 78, 87, 92, 93, 99, 118, 132, 134, 137, 144-146, 149, 155

Sun Yatsen 26, 37-39, 43-45, 49, 51, 56
SuperGirl (programa de televisão) 142, 143, 164
superstição, combatendo a 48, 51, 100

T

Taiwan 14, 18, 31, 46, 60, 92, 99, 105-109, 116, 118, 119, 121
televisão 94, 99, 137, 139, 141-143, 149
território 14, 16, 29, 30, 33, 41, 42, 89, 90, 105, 108, 113, 140

transparência 125, 126, 140

U

União Soviética 37, 61, 63, 65, 66, 70, 71, 73, 98, 102, 116, 117, 138, 147
Universidade de Peking 33, 43, 44, 68, 76, 99, 128

V

violência 16, 49, 57, 64, 65, 70, 71, 80, 87, 104

Z

Zonas Econômicas Especiais (ZEE) 72, 118

Lista de ilustrações

1. Trabalhadores esperando o término de um longo dia © Gideon Mendel/Corbis

2. Chinesa rica com os pés enfaixados © Underwood & Underwood/Corbis

3. Vítimas da fome na China © Hulton Archive/Getty Images

4. Carro encouraçado britânico em Shanghai, cerca de 1935 © Hulton Archive/Getty Images

5. O general Chiang Kaishek, cerca de 1930 © Hulton Archive/Getty Images

6. Refugiados chineses, Chongqin, cerca de 1937 © Hulton Archive/Getty Images

7. Mao Zedong na Longa Marcha, cerca de 1935 © Hulton Archive/Getty Images

8. Mao Zedong © Hulton Archive/Getty Images

9. Guarda apontando o fuzil para um proprietário de terras chinês © Bettmann/Corbis

10. O presidente Mao com jovens estudantes © Bettmann/Corbis

11. Ato durante a Revolução Cultural © Bettmann/Corbis

12. Turistas tiram fotos, Shenzden © National Geographic/Getty Images

13. Estudantes chineses pedindo democracia © Peter Turnley/Corbis

14. Pés de chinesas deformados pelo costume de enfaixar os pés © Bettmann/Corbis

15. Homens puxando um arado © Christopher Boisvieux/Corbis

16. Os cinco anéis olímpicos © China Photos/Getty Images

17. Mulher urbana protegendo-se do nevoeiro e fumaça © Wally McNamee/Corbis

18. Parte do rolo de pergaminho "Nove Cavalos" de Ren Renfa, do *Álbum de pinturas do mestre Gu* (1603) © Percival David Foundation of Chinese Art

19. Finais de *SuperGirl* © AP/PA Photos/Empics

20. Linha do horizonte de Pudong © Xiaoyang Liu/Corbis

A editora e o autor pedem desculpas por qualquer erro ou omissão na lista de ilustrações. Se informados, terão o maior prazer em retificar essas falhas na primeira oportunidade.

Coleção **L&PM** POCKET

1. Catálogo geral da Coleção
2. Poesias – Fernando Pessoa
3. O livro dos sonetos – org. Sergio Faraco
4. Hamlet – Shakespeare / trad. Millôr
5. Isadora, frag. autobiográficos – Isadora Duncan
6. Histórias sicilianas – G. Lampedusa
7. O relato de Arthur Gordon Pym – Edgar A. Poe
8. A mulher mais linda da cidade – Bukowski
9. O fim de Montezuma – Hernan Cortez
10. A ninfomania – D. T. Bienville
11. As aventuras de Robinson Crusoé – D. Defoe
12. Histórias de amor – A. Bioy Casares
13. Armadilha mortal – Roberto Arlt
14. Contos de fantasmas – Daniel Defoe
15. Os pintores cubistas – G. Apollinaire
16. A morte de Ivan Ilitch – L.Tolstói
17. A desobediência civil – D. H. Thoreau
18. Liberdade, liberdade – F. Rangel e M. Fernandes
19. Cem sonetos de amor – Pablo Neruda
20. Mulheres – Eduardo Galeano
21. Cartas a Théo – Van Gogh
22. Don Juan – Molière / Trad. Millôr Fernandes
24. Horla – Guy de Maupassant
25. O caso de Charles Dexter Ward – Lovecraft
26. Vathek – William Beckford
27. Hai-Kais – Millôr Fernandes
28. Adeus, minha adorada – Raymond Chandler
29. Cartas portuguesas – Mariana Alcoforado
30. A mensageira das violetas – Florbela Espanca
31. Espumas flutuantes – Castro Alves
32. Dom Casmurro – Machado de Assis
34. Alves & Cia. – Eça de Queiroz
35. Uma temporada no inferno – A. Rimbaud
36. A corresp. de Fradique Mendes – Eça de Queiroz
38. Antologia poética – Olavo Bilac
39. O rei Lear – Shakespeare
40. Memórias póstumas de Brás Cubas – Machado de Assis
41. Que loucura! – Woody Allen
42. O duelo – Casanova
44. Gentidades – Darcy Ribeiro
45. Memórias de um Sargento de Milícias – Manuel Antônio de Almeida
46. Os escravos – Castro Alves
47. O desejo pego pelo rabo – Pablo Picasso
48. Os inimigos – Máximo Gorki
49. O colar de veludo – Alexandre Dumas
50. Livro dos bichos – Vários
51. Quincas Borba – Machado de Assis
53. O exército de um homem só – Moacyr Scliar
54. Frankenstein – Mary Shelley
55. Dom Segundo Sombra – Ricardo Güiraldes
56. De vagões e vagabundos – Jack London
57. O homem bicentenário – Isaac Asimov
58. A viuvinha – José de Alencar
59. Livro das cortesãs – org. de Sergio Faraco
60. Últimos poemas – Pablo Neruda
61. A moreninha – Joaquim Manuel de Macedo
62. Cinco minutos – José de Alencar
63. Saber envelhecer e a amizade – Cícero
64. Enquanto a noite não chega – J. Guimarães
65. Tufão – Joseph Conrad
66. Aurélia – Gérard de Nerval
67. I-Juca-Pirama – Gonçalves Dias
68. Fábulas – Esopo
69. Teresa Filósofa – Anônimo do Séc. XVIII
70. Avent. inéditas de Sherlock Holmes – Arthur Conan Doyle
71. Quintana de bolso – Mario Quintana
72. Antes e depois – Paul Gauguin
73. A morte de Olivier Bécaille – Émile Zola
74. Iracema – José de Alencar
75. Iaiá Garcia – Machado de Assis
76. Utopia – Tomás Morus
77. Sonetos para amar o amor – Camões
78. Carmem – Prosper Mérimée
79. Senhora – José de Alencar
80. Hagar, o horrível 1 – Dik Browne
81. O coração das trevas – Joseph Conrad
82. Um estudo em vermelho – Arthur Conan Doyle
83. Todos os sonetos – Augusto dos Anjos
84. A propriedade é um roubo – P.-J. Proudhon
85. Drácula – Bram Stoker
86. O marido complacente – Sade
87. De profundis – Oscar Wilde
88. Sem plumas – Woody Allen
89. Os bruzundangas – Lima Barreto
90. O cão dos Baskervilles – Arthur Conan Doyle
91. Paraísos artificiais – Charles Baudelaire
92. Cândido, ou o otimismo – Voltaire
93. Triste fim de Policarpo Quaresma – Lima Barreto
94. Amor de perdição – Camilo Castelo Branco
95. A megera domada – Shakespeare / trad. Millôr
96. O mulato – Aluísio Azevedo
97. O alienista – Machado de Assis
98. O livro dos sonhos – Jack Kerouac
99. Noite na taverna – Álvares de Azevedo
100. Aura – Carlos Fuentes
102. Contos gauchescos e Lendas do sul – Simões Lopes Neto
103. O cortiço – Aluísio Azevedo
104. Marília de Dirceu – T. A. Gonzaga
105. O Primo Basílio – Eça de Queiroz
106. O ateneu – Raul Pompéia
107. Um escândalo na Boêmia – Arthur Conan Doyle
108. Contos – Machado de Assis
109. 200 Sonetos – Luis Vaz de Camões
110. O príncipe – Maquiavel
111. A escrava Isaura – Bernardo Guimarães
112. O solteirão nobre – Conan Doyle
114. Shakespeare de A a Z – Shakespeare

115. **A relíquia** – Eça de Queiroz
117. **Livro do corpo** – Vários
118. **Lira dos 20 anos** – Álvares de Azevedo
119. **Esaú e Jacó** – Machado de Assis
120. **A barcarola** – Pablo Neruda
121. **Os conquistadores** – Júlio Verne
122. **Contos breves** – G. Apollinaire
123. **Taipi** – Herman Melville
124. **Livro dos desaforos** – org. de Sergio Faraco
125. **A mão e a luva** – Machado de Assis
126. **Doutor Miragem** – Moacyr Scliar
127. **O penitente** – Isaac B. Singer
128. **Diários da descoberta da América** – Cristóvão Colombo
129. **Édipo Rei** – Sófocles
130. **Romeu e Julieta** – Shakespeare
131. **Hollywood** – Bukowski
132. **Billy the Kid** – Pat Garrett
133. **Cuca fundida** – Woody Allen
134. **O jogador** – Dostoiévski
135. **O livro da selva** – Rudyard Kipling
136. **O vale do terror** – Arthur Conan Doyle
137. **Dançar tango em Porto Alegre** – S. Faraco
138. **O gaúcho** – Carlos Reverbel
139. **A volta ao mundo em oitenta dias** – J. Verne
140. **O livro dos esnobes** – W. M. Thackeray
141. **Amor & morte em Poodle Springs** – Raymond Chandler & R. Parker
142. **As aventuras de David Balfour** – Stevenson
143. **Alice no país das maravilhas** – Lewis Carroll
144. **A ressurreição** – Machado de Assis
145. **Inimigos, uma história de amor** – I. Singer
146. **O Guarani** – José de Alencar
147. **A cidade e as serras** – Eça de Queiroz
148. **Eu e outras poesias** – Augusto dos Anjos
149. **A mulher de trinta anos** – Balzac
150. **Pomba enamorada** – Lygia F. Telles
151. **Contos fluminenses** – Machado de Assis
152. **Antes de Adão** – Jack London
153. **Intervalo amoroso** – A.Romano de Sant'Anna
154. **Memorial de Aires** – Machado de Assis
155. **Naufrágios e comentários** – Cabeza de Vaca
156. **Ubirajara** – José de Alencar
157. **Textos anarquistas** – Bakunin
159. **Amor de salvação** – Camilo Castelo Branco
160. **O gaúcho** – José de Alencar
161. **O livro das maravilhas** – Marco Polo
162. **Inocência** – Visconde de Taunay
163. **Helena** – Machado de Assis
164. **Uma estação de amor** – Horácio Quiroga
165. **Poesia reunida** – Martha Medeiros
166. **Memórias de Sherlock Holmes** – Conan Doyle
167. **A vida de Mozart** – Stendhal
168. **O primeiro terço** – Neal Cassady
169. **O mandarim** – Eça de Queiroz
170. **Um espinho de marfim** – Marina Colasanti
171. **A ilustre Casa de Ramires** – Eça de Queiroz
172. **Lucíola** – José de Alencar
173. **Antígona** – Sófocles – trad. Donaldo Schüler
174. **Otelo** – William Shakespeare
175. **Antologia** – Gregório de Matos
176. **A liberdade de imprensa** – Karl Marx
177. **Casa de pensão** – Aluísio Azevedo
178. **São Manuel Bueno, Mártir** – Unamuno
179. **Primaveras** – Casimiro de Abreu
180. **O noviço** – Martins Pena
181. **O sertanejo** – José de Alencar
182. **Eurico, o presbítero** – Alexandre Herculano
183. **O signo dos quatro** – Conan Doyle
184. **Sete anos no Tibet** – Heinrich Harrer
185. **Vagamundo** – Eduardo Galeano
186. **De repente acidentes** – Carl Solomon
187. **As minas de Salomão** – Rider Haggar
188. **Uivo** – Allen Ginsberg
189. **A ciclista solitária** – Conan Doyle
190. **Os seis bustos de Napoleão** – Conan Doyle
191. **Cortejo do divino** – Nelida Piñon
194. **Os crimes do amor** – Marquês de Sade
195. **Besame Mucho** – Mário Prata
196. **Tuareg** – Alberto Vázquez-Figueroa
197. **O longo adeus** – Raymond Chandler
199. **Notas de um velho safado** – Bukowski
200. **111 ais** – Dalton Trevisan
201. **O nariz** – Nicolai Gogol
202. **O capote** – Nicolai Gogol
203. **Macbeth** – William Shakespeare
204. **Heráclito** – Donaldo Schüler
205. **Você deve desistir, Osvaldo** – Cyro Martins
206. **Memórias de Garibaldi** – A. Dumas
207. **A arte da guerra** – Sun Tzu
208. **Fragmentos** – Caio Fernando Abreu
209. **Festa no castelo** – Moacyr Scliar
210. **O grande deflorador** – Dalton Trevisan
212. **Homem do príncipio ao fim** – Millôr Fernandes
213. **Aline e seus dois namorados (1)** – A. Iturrusgarai
214. **A juba do leão** – Sir Arthur Conan Doyle
215. **Assassino metido a esperto** – R. Chandler
216. **Confissões de um comedor de ópio** – Thomas De Quincey
217. **Os sofrimentos do jovem Werther** – Goethe
218. **Fedra** – Racine / Trad. Millôr Fernandes
219. **O vampiro de Sussex** – Conan Doyle
220. **Sonho de uma noite de verão** – Shakespeare
221. **Dias e noites de amor e de guerra** – Galeano
222. **O Profeta** – Khalil Gibran
223. **Flávia, cabeça, tronco e membros** – M. Fernandes
224. **Guia da ópera** – Jeanne Suhamy
225. **Macário** – Álvares de Azevedo
226. **Etiqueta na prática** – Celia Ribeiro
227. **Manifesto do partido comunista** – Marx & Engels
228. **Poemas** – Millôr Fernandes
229. **Um inimigo do povo** – Henrik Ibsen
230. **O paraíso destruído** – Frei B. de las Casas
231. **O gato no escuro** – Josué Guimarães
232. **O mágico de Oz** – L. Frank Baum
233. **Armas no Cyrano's** – Raymond Chandler
234. **Max e os felinos** – Moacyr Scliar
235. **Nos céus de Paris** – Alcy Cheuiche
236. **Os bandoleiros** – Schiller

237. **A primeira coisa que eu botei na boca** – Deonísio da Silva
238. **As aventuras de Simbad, o marújo**
239. **O retrato de Dorian Gray** – Oscar Wilde
240. **A carteira de meu tio** – J. Manuel de Macedo
241. **A luneta mágica** – J. Manuel de Macedo
242. **A metamorfose** – Kafka
243. **A flecha de ouro** – Joseph Conrad
244. **A ilha do tesouro** – R. L. Stevenson
245. **Marx - Vida & Obra** – José A. Giannotti
246. **Gênesis**
247. **Unidos para sempre** – Ruth Rendell
248. **A arte de amar** – Ovídio
249. **O sono eterno** – Raymond Chandler
250. **Novas receitas do Anonymus Gourmet** – J.A.P.M.
251. **A nova catacumba** – Arthur Conan Doyle
252. **Dr. Negro** – Arthur Conan Doyle
253. **Os voluntários** – Moacyr Scliar
254. **A bela adormecida** – Irmãos Grimm
255. **O príncipe sapo** – Irmãos Grimm
256. **Confissões** *e* **Memórias** – H. Heine
257. **Viva o Alegrete** – Sergio Faraco
258. **Vou estar esperando** – R. Chandler
259. **A senhora Beate e seu filho** – Schnitzler
260. **O ovo apunhalado** – Caio Fernando Abreu
261. **O ciclo das águas** – Moacyr Scliar
262. **Millôr Definitivo** – Millôr Fernandes
264. **Viagem ao centro da Terra** – Júlio Verne
265. **A dama do lago** – Raymond Chandler
266. **Caninos brancos** – Jack London
267. **O médico e o monstro** – R. L. Stevenson
268. **A tempestade** – William Shakespeare
269. **Assassinatos na rua Morgue** – E. Allan Poe
270. **99 corruíras nanicas** – Dalton Trevisan
271. **Broquéis** – Cruz e Sousa
272. **Mês de cães danados** – Moacyr Scliar
273. **Anarquistas – vol. 1 – A idéia** – G. Woodcock
274. **Anarquistas – vol. 2 – O movimento** – G. Woodcock
275. **Pai e filho, filho e pai** – Moacyr Scliar
276. **As aventuras de Tom Sawyer** – Mark Twain
277. **Muito barulho por nada** – W. Shakespeare
278. **Elogio da loucura** – Erasmo
279. **Autobiografia de Alice B. Toklas** – G. Stein
280. **O chamado da floresta** – J. London
281. **Uma agulha para o diabo** – Ruth Rendell
282. **Verdes vales do fim do mundo** – A. Bivar
283. **Ovelhas negras** – Caio Fernando Abreu
284. **O fantasma de Canterville** – O. Wilde
285. **Receitas de Yayá Ribeiro** – Celia Ribeiro
286. **A galinha degolada** – H. Quiroga
287. **O último adeus de Sherlock Holmes** – A. Conan Doyle
288. **A. Gourmet** *em* **Histórias de cama & mesa** – J. A. Pinheiro Machado
289. **Topless** – Martha Medeiros
290. **Mais receitas do Anonymus Gourmet** – J. A. Pinheiro Machado
291. **Origens do discurso democrático** – D. Schüler
292. **Humor politicamente incorreto** – Nani
293. **O teatro do bem e do mal** – E. Galeano
294. **Garibaldi & Manoela** – J. Guimarães
295. **10 dias que abalaram o mundo** – John Reed
296. **Numa fria** – Bukowski
297. **Poesia de Florbela Espanca** vol. 1
298. **Poesia de Florbela Espanca** vol. 2
299. **Escreva certo** – E. Oliveira e M. E. Bernd
300. **O vermelho e o negro** – Stendhal
301. **Ecce homo** – Friedrich Nietzsche
302(7). **Comer bem, sem culpa** – Dr. Fernando Lucchese, A. Gourmet e Iotti
303. **O livro de Cesário Verde** – Cesário Verde
304. **100 receitas de macarrão** – S. Lancellotti
305. **160 receitas de molhos** – S. Lancellotti
307. **100 receitas light** – H. e Â. Tonetto
308. **100 receitas de sobremesas** – Celia Ribeiro
309. **Mais de 100 dicas de churrasco** – Leon Diziekaniak
310. **100 receitas de acompanhamentos** – C. Cabeda
311. **Honra ou vendetta** – S. Lancellotti
312. **A alma do homem sob o socialismo** – Oscar Wilde
313. **Tudo sobre Yôga** – Mestre De Rose
314. **Os varões assinalados** – Tabajara Ruas
315. **Édipo em Colono** – Sófocles
316. **Lisístrata** – Aristófanes / trad. Millôr
317. **Sonhos de Bunker Hill** – John Fante
318. **Os deuses de Raquel** – Moacyr Scliar
319. **O colosso de Marússia** – Henry Miller
320. **As eruditas** – Molière / trad. Millôr
321. **Radicci 1** – Iotti
322. **Os Sete contra Tebas** – Ésquilo
323. **Brasil Terra à vista** – Eduardo Bueno
324. **Radicci 2** – Iotti
325. **Júlio César** – William Shakespeare
326. **A carta de Pero Vaz de Caminha**
327. **Cozinha Clássica** – Sílvio Lancellotti
328. **Madame Bovary** – Gustave Flaubert
329. **Dicionário do viajante insólito** – M. Scliar
330. **O capitão saiu para o almoço...** – Bukowski
331. **A carta roubada** – Edgar Allan Poe
332. **É tarde para saber** – Josué Guimarães
333. **O livro de bolso da Astrologia** – Maggy Harrisonx e Mellina Li
334. **1933 foi um ano ruim** – John Fante
335. **100 receitas de arroz** – Aninha Comas
336. **Guia prático do Português correto – vol. 1** – Cláudio Moreno
337. **Bartleby, o escriturário** – H. Melville
338. **Enterrem meu coração na curva do rio** – Dee Brown
339. **Um conto de Natal** – Charles Dickens
340. **Cozinha sem segredos** – J. A. P. Machado
341. **A dama das Camélias** – A. Dumas Filho
342. **Alimentação saudável** – H. e Â. Tonetto
343. **Continhos galantes** – Dalton Trevisan
344. **A Divina Comédia** – Dante Alighieri
345. **A Dupla Sertanojo** – Santiago
346. **Cavalos do amanhecer** – Mario Arregui
347. **Biografia de Vincent van Gogh por sua cunhada** – Jo van Gogh-Bonger

348. **Radicci 3** – Iotti
349. **Nada de novo no front** – E. M. Remarque
350. **A hora dos assassinos** – Henry Miller
351. **Flush – Memórias de um cão** – Virginia Woolf
352. **A guerra no Bom Fim** – M. Sclair
353.(1).**O caso Saint-Fiacre** – Simenon
354.(2).**Morte na alta sociedade** – Simenon
355.(3).**O cão amarelo** – Simenon
356.(4).**Maigret e o homem do banco** – Simenon
357. **As uvas e o vento** – Pablo Neruda
358. **On the road** – Jack Kerouac
359. **O coração amarelo** – Pablo Neruda
360. **Livro das perguntas** – Pablo Neruda
361. **Noite de Reis** – William Shakespeare
362. **Manual de Ecologia** – vol.1 – J. Lutzenberger
363. **O mais longo dos dias** – Cornelius Ryan
364. **Foi bom prá você?** – Nani
365. **Crepusculário** – Pablo Neruda
366. **A comédia dos erros** – Shakespeare
367.(5).**A primeira investigação de Maigret** – Simenon
368.(6).**As férias de Maigret** – Simenon
369. **Mate-me por favor (vol.1)** – L. McNeil
370. **Mate-me por favor (vol.2)** – L. McNeil
371. **Carta ao pai** – Kafka
372. **Os vagabundos iluminados** – J. Kerouac
373.(7).**O enforcado** – Simenon
374.(8).**A fúria de Maigret** – Simenon
375. **Vargas, uma biografia política** – H. Silva
376. **Poesia reunida (vol.1)** – A. R. de Sant'Anna
377. **Poesia reunida (vol.2)** – A. R. de Sant'Anna
378. **Alice no país do espelho** – Lewis Carroll
379. **Residência na Terra 1** – Pablo Neruda
380. **Residência na Terra 2** – Pablo Neruda
381. **Terceira Residência** – Pablo Neruda
382. **O delírio amoroso** – Bocage
383. **Futebol ao sol e à sombra** – E. Galeano
384.(9).**O porto das brumas** – Simenon
385.(10).**Maigret e seu morto** – Simenon
386. **Radicci 4** – Iotti
387. **Boas maneiras & sucesso nos negócios** – Celia Ribeiro
388. **Uma história Farroupilha** – M. Sclair
389. **Na mesa ninguém envelhece** – J. A. Pinheiro Machado
390. **200 receitas inéditas do Anonymus Gourmet** – J. A. Pinheiro Machado
391. **Guia prático do Português correto – vol.2** – Cláudio Moreno
392. **Breviário das terras do Brasil** – Assis Brasil
393. **Cantos Cerimoniais** – Pablo Neruda
394. **Jardim de Inverno** – Pablo Neruda
395. **Antonio e Cleópatra** – William Shakespeare
396. **Tróia** – Cláudio Moreno
397. **Meu tio matou um cara** – Jorge Furtado
398. **O anatomista** – Federico Andahazi
399. **As viagens de Gulliver** – Jonathan Swift
400. **Dom Quixote** – (v. 1) – Miguel de Cervantes
401. **Dom Quixote** – (v. 2) – Miguel de Cervantes
402. **Sozinho no Pólo Norte** – Thomaz Brandolin
403. **Matadouro 5** – Kurt Vonnegut
404. **Delta de Vênus** – Anaïs Nin
405. **O melhor de Hagar 2** – Dik Browne
406. **É grave Doutor?** – Nani
407. **Orai pornô** – Nani
408.(11).**Maigret em Nova York** – Simenon
409.(12).**O assassino sem rosto** – Simenon
410.(13).**O mistério das jóias roubadas** – Simenon
411. **A irmãzinha** – Raymond Chandler
412. **Três contos** – Gustave Flaubert
413. **De ratos e homens** – John Steinbeck
414. **Lazarilho de Tormes** – Anônimo do séc. XVI
415. **Triângulo das águas** – Caio Fernando Abreu
416. **100 receitas de carnes** – Sílvio Lancellotti
417. **Histórias de robôs**: vol. 1 – org. Isaac Asimov
418. **Histórias de robôs**: vol. 2 – org. Isaac Asimov
419. **Histórias de robôs**: vol. 3 – org. Isaac Asimov
420. **O país dos centauros** – Tabajara Ruas
421. **A república de Anita** – Tabajara Ruas
422. **A carga dos lanceiros** – Tabajara Ruas
423. **Um amigo de Kafka** – Isaac Singer
424. **As alegres matronas de Windsor** – Shakespeare
425. **Amor e exílio** – Isaac Bashevis Singer
426. **Use & abuse do seu signo** – Marília Fiorillo e Marylou Simonsen
427. **Pigmaleão** – Bernard Shaw
428. **As fenícias** – Eurípides
429. **Everest** – Thomaz Brandolin
430. **A arte de furtar** – Anônimo do séc. XVI
431. **Billy Bud** – Herman Melville
432. **A rosa separada** – Pablo Neruda
433. **Elegia** – Pablo Neruda
434. **A garota de Cassidy** – David Goodis
435. **Como fazer a guerra: máximas de Napoleão** – Balzac
436. **Poemas escolhidos** – Emily Dickinson
437. **Gracias por el fuego** – Mario Benedetti
438. **O sofá** – Crébillon Fils
439. **O "Martín Fierro"** – Jorge Luis Borges
440. **Trabalhos de amor perdidos** – W. Shakespeare
441. **O melhor de Hagar 3** – Dik Browne
442. **Os Maias (volume1)** – Eça de Queiroz
443. **Os Maias (volume2)** – Eça de Queiroz
444. **Anti-Justine** – Restif de La Bretonne
445. **Juventude** – Joseph Conrad
446. **Contos** – Eça de Queiroz
447. **Janela para a morte** – Raymond Chandler
448. **Um amor de Swann** – Marcel Proust
449. **À paz perpétua** – Immanuel Kant
450. **A conquista do México** – Hernan Cortez
451. **Defeitos escolhidos e 2000** – Pablo Neruda
452. **O casamento do céu e do inferno** – William Blake
453. **A primeira viagem ao redor do mundo** – Antonio Pigafetta
454.(14).**Uma sombra na janela** – Simenon
455.(15).**A noite da encruzilhada** – Simenon
456.(16).**A velha senhora** – Simenon
457. **Sartre** – Annie Cohen-Solal

458. **Discurso do método** – René Descartes
459. **Garfield em grande forma (1)** – Jim Davis
460. **Garfield está de dieta** (2) – Jim Davis
461. **O livro das feras** – Patricia Highsmith
462. **Viajante solitário** – Jack Kerouac
463. **Auto da barca do inferno** – Gil Vicente
464. **O livro vermelho dos pensamentos de Millôr** – Millôr Fernandes
465. **O livro dos abraços** – Eduardo Galeano
466. **Voltaremos!** – José Antonio Pinheiro Machado
467. **Rango** – Edgar Vasques
468(8). **Dieta mediterrânea** – Dr. Fernando Lucchese e José Antonio Pinheiro Machado
469. **Radicci 5** – Iotti
470. **Pequenos pássaros** – Anaïs Nin
471. **Guia prático do Português correto – vol.3** – Cláudio Moreno
472. **Atire no pianista** – David Goodis
473. **Antologia Poética** – García Lorca
474. **Alexandre e César** – Plutarco
475. **Uma espiã na casa do amor** – Anaïs Nin
476. **A gorda do Tiki Bar** – Dalton Trevisan
477. **Garfield um gato de peso (3)** – Jim Davis
478. **Canibais** – David Coimbra
479. **A arte de escrever** – Arthur Schopenhauer
480. **Pinóquio** – Carlo Collodi
481. **Misto-quente** – Bukowski
482. **A lua na sarjeta** – David Goodis
483. **O melhor do Recruta Zero (1)** – Mort Walker
484. **Aline: TPM – tensão pré-monstrual (2)** – Adão Iturrusgarai
485. **Sermões do Padre Antonio Vieira**
486. **Garfield numa boa (4)** – Jim Davis
487. **Mensagem** – Fernando Pessoa
488. **Vendeta** *seguido de* **A paz conjugal** – Balzac
489. **Poemas de Alberto Caeiro** – Fernando Pessoa
490. **Ferragus** – Honoré de Balzac
491. **A duquesa de Langeais** – Honoré de Balzac
492. **A menina dos olhos de ouro** – Honoré de Balzac
493. **O lírio do vale** – Honoré de Balzac
494(17). **A barcaça da morte** – Simenon
495(18). **As testemunhas rebeldes** – Simenon
496(19). **Um engano de Maigret** – Simenon
497(1). **A noite das bruxas** – Agatha Christie
498(2). **Um passe de mágica** – Agatha Christie
499(3). **Nêmesis** – Agatha Christie
500. **Esboço para uma teoria das emoções** – Sartre
501. **Renda básica de cidadania** – Eduardo Suplicy
502(1). **Pílulas para viver melhor** – Dr. Lucchese
503(2). **Pílulas para prolongar a juventude** – Dr. Lucchese
504(3). **Desembarcando o diabetes** – Dr. Lucchese
505(4). **Desembarcando o sedentarismo** – Dr. Fernando Lucchese e Cláudio Castro
506(5). **Desembarcando a hipertensão** – Dr. Lucchese
507(6). **Desembarcando o colesterol** – Dr. Fernando Lucchese e Fernanda Lucchese
508. **Estudos de mulher** – Balzac
509. **O terceiro tira** – Flann O'Brien
510. **100 receitas de aves e ovos** – J. A. P. Machado
511. **Garfield em toneladas de diversão (5)** – Jim Davis
512. **Trem-bala** – Martha Medeiros
513. **Os cães ladram** – Truman Capote
514. **O Kama Sutra de Vatsyayana**
515. **O crime do Padre Amaro** – Eça de Queiroz
516. **Odes de Ricardo Reis** – Fernando Pessoa
517. **O inverno da nossa desesperança** – Steinbeck
518. **Piratas do Tietê (1)** – Laerte
519. **Rê Bordosa: do começo ao fim** – Angeli
520. **O Harlem é escuro** – Chester Himes
521. **Café-da-manhã dos campeões** – Kurt Vonnegut
522. **Eugénie Grandet** – Balzac
523. **O último magnata** – F. Scott Fitzgerald
524. **Carol** – Patricia Highsmith
525. **100 receitas de patisseria** – Sílvio Lancellotti
526. **O fator humano** – Graham Greene
527. **Tristessa** – Jack Kerouac
528. **O diamante do tamanho do Ritz** – Scott Fitzgerald
529. **As melhores histórias de Sherlock Holmes** – Arthur Conan Doyle
530. **Cartas a um jovem poeta** – Rilke
531(20). **Memórias de Maigret** – Simenon
532(4). **O misterioso sr. Quin** – Agatha Christie
533. **Os analectos** – Confúcio
534(21). **Maigret e os homens de bem** – Simenon
535(22). **O medo de Maigret** – Simenon
536. **Ascensão e queda de César Birotteau** – Balzac
537. **Sexta-feira negra** – David Goodis
538. **Ora bolas – O humor de Mario Quintana** – Juarez Fonseca
539. **Longe daqui mesmo** – Antonio Bivar
540(5). **É fácil matar** – Agatha Christie
541. **O pai Goriot** – Balzac
542. **Brasil, um país do futuro** – Stefan Zweig
543. **O processo** – Kafka
544. **O melhor de Hagar 4** – Dik Browne
545(6). **Por que não pediram a Evans?** – Agatha Christie
546. **Fanny Hill** – John Cleland
547. **O gato por dentro** – William S. Burroughs
548. **Sobre a brevidade da vida** – Sêneca
549. **Geraldão (1)** – Glauco
550. **Piratas do Tietê (2)** – Laerte
551. **Pagando o pato** – Ciça
552. **Garfield de bom humor (6)** – Jim Davis
553. **Conhece o Mário?** vol.1 – Santiago
554. **Radicci 6** – Iotti
555. **Os subterrâneos** – Jack Kerouac
556(1). **Balzac** – François Taillandier
557(2). **Modigliani** – Christian Parisot
558(3). **Kafka** – Gérard-Georges Lemaire
559(4). **Júlio César** – Joël Schmidt
560. **Receitas da família** – J. A. Pinheiro Machado
561. **Boas maneiras à mesa** – Celia Ribeiro
562(9). **Filhos sadios, pais felizes** – R. Pagnoncelli

563(10).**Fatos & mitos** – Dr. Fernando Lucchese
564.**Ménage à trois** – Paula Taitelbaum
565.**Mulheres!** – David Coimbra
566.**Poemas de Álvaro de Campos** – Fernando Pessoa
567.**Medo e outras histórias** – Stefan Zweig
568.**Snoopy e sua turma** (1) – Schulz
569.**Piadas para sempre** (1) – Visconde da Casa Verde
570.**O alvo móvel** – Ross Macdonald
571.**O melhor do Recruta Zero** (2) – Mort Walker
572.**Um sonho americano** – Norman Mailer
573.**Os broncos também amam** – Angeli
574.**Crônica de um amor louco** – Bukowski
575(5).**Freud** – René Major e Chantal Talagrand
576(6).**Picasso** – Gilles Plazy
577(7).**Gandhi** – Christine Jordis
578.**A tumba** – H. P. Lovecraft
579.**O príncipe e o mendigo** – Mark Twain
580.**Garfield, um charme de gato** (7) – Jim Davis
581.**Ilusões perdidas** – Balzac
582.**Esplendores e misérias das cortesãs** – Balzac
583.**Walter Ego** – Angeli
584.**Striktiras** (1) – Laerte
585.**Fagundes: um puxa-saco de mão cheia** – Laerte
586.**Depois do último trem** – Josué Guimarães
587.**Ricardo III** – Shakespeare
588.**Dona Anja** – Josué Guimarães
589.**24 horas na vida de uma mulher** – Stefan Zweig
590.**O terceiro homem** – Graham Greene
591.**Mulher no escuro** – Dashiell Hammett
592.**No que acredito** – Bertrand Russell
593.**Odisséia (1): Telemaquia** – Homero
594.**O cavalo cego** – Josué Guimarães
595.**Henrique V** – Shakespeare
596.**Fabulário geral do delírio cotidiano** – Bukowski
597.**Tiros na noite 1: A mulher do bandido** – Dashiell Hammett
598.**Snoopy em Feliz Dia dos Namorados!** (2) – Schulz
599.**Mas não se matam cavalos?** – Horace McCoy
600.**Crime e castigo** – Dostoiévski
601(7).**Mistério no Caribe** – Agatha Christie
602.**Odisséia (2): Regresso** – Homero
603.**Piadas para sempre** (2) – Visconde da Casa Verde
604.**À sombra do vulcão** – Malcolm Lowry
605(8).**Kerouac** – Yves Buin
606.**E agora são cinzas** – Angeli
607.**As mil e uma noites** – Paulo Caruso
608.**Um assassino entre nós** – Ruth Rendell
609.**Crack-up** – F. Scott Fitzgerald
610.**Do amor** – Stendhal
611.**Cartas do Yage** – William Burroughs e Allen Ginsberg
612.**Striktiras** (2) – Laerte
613.**Henry & June** – Anaïs Nin
614.**A piscina mortal** – Ross Macdonald
615.**Geraldão** (2) – Glauco
616.**Tempo de delicadeza** – A. R. de Sant'Anna
617.**Tiros na noite 2: Medo de tiro** – Dashiell Hammett
618.**Snoopy em Assim é a vida, Charlie Brown!** (3) – Schulz
619.**1954 – Um tiro no coração** – Hélio Silva
620.**Sobre a inspiração poética (Íon) e ...** – Platão
621.**Garfield e seus amigos** (8) – Jim Davis
622.**Odisséia (3): Ítaca** – Homero
623.**A louca matança** – Chester Himes
624.**Factótum** – Bukowski
625.**Guerra e Paz: volume 1** – Tolstói
626.**Guerra e Paz: volume 2** – Tolstói
627.**Guerra e Paz: volume 3** – Tolstói
628.**Guerra e Paz: volume 4** – Tolstói
629(9).**Shakespeare** – Claude Mourthé
630.**Bem está o que bem acaba** – Shakespeare
631.**O contrato social** – Rousseau
632.**Geração Beat** – Jack Kerouac
633.**Snoopy: É Natal!** (4) – Charles Schulz
634(8).**Testemunha da acusação** – Agatha Christie
635.**Um elefante no caos** – Millôr Fernandes
636.**Guia de leitura (100 autores que você precisa ler)** – Organização de Léa Masina
637.**Pistoleiros também mandam flores** – David Coimbra
638.**O prazer das palavras** – vol. 1 – Cláudio Moreno
639.**O prazer das palavras** – vol. 2 – Cláudio Moreno
640.**Novíssimo testamento: com Deus e o diabo, a dupla da criação** – Iotti
641.**Literatura Brasileira: modos de usar** – Luís Augusto Fischer
642.**Dicionário de Porto-Alegrês** – Luís A. Fischer
643.**Clô Dias & Noites** – Sérgio Jockymann
644.**Memorial de Isla Negra** – Pablo Neruda
645.**Um homem extraordinário e outras histórias** – Tchékhov
646.**Ana sem terra** – Alcy Cheuiche
647.**Adultérios** – Woody Allen
648.**Para sempre ou nunca mais** – R. Chandler
649.**Nosso homem em Havana** – Graham Greene
650.**Dicionário Caldas Aulete de Bolso**
651.**Snoopy: Posso fazer uma pergunta, professora?** (5) – Charles Schulz
652(10).**Luís XVI** – Bernard Vincent
653.**O mercador de Veneza** – Shakespeare
654.**Cancioneiro** – Fernando Pessoa
655.**Non-Stop** – Martha Medeiros
656.**Carpinteiros, levantem bem alto a cumeeira & Seymour, uma apresentação** – J.D.Salinger
657.**Ensaios céticos** – Bertrand Russell
658.**O melhor do Hagar 5** – Dik e Chris Browne
659.**Primeiro amor** – Ivan Turguêniev
660.**A trégua** – Mario Benedetti
661.**Um parque de diversões da cabeça** – Lawrence Ferlinghetti
662.**Aprendendo a viver** – Sêneca
663.**Garfield, um gato em apuros** (9) – Jim Davis

664. **Dilbert 1** – Scott Adams
665. **Dicionário de dificuldades** – Domingos Paschoal Cegalla
666. **A imaginação** – Jean-Paul Sartre
667. **O ladrão e os cães** – Naguib Mahfuz
668. **Gramática do português contemporâneo** – Celso Cunha
669. **A volta do parafuso** *seguido de* **Daisy Miller** – Henry James
670. **Notas do subsolo** – Dostoiévski
671. **Abobrinhas da Brasilônia** – Glauco
672. **Geraldão (3)** – Glauco
673. **Piadas para sempre (3)** – Visconde da Casa Verde
674. **Duas viagens ao Brasil** – Hans Staden
675. **Bandeira de bolso** – Manuel Bandeira
676. **A arte da guerra** – Maquiavel
677. **Além do bem e do mal** – Nietzsche
678. **O coronel Chabert** *seguido de* **A mulher abandonada** – Balzac
679. **O sorriso de marfim** – Ross Macdonald
680. **100 receitas de pescados** – Sílvio Lancellotti
681. **O juiz e seu carrasco** – Friedrich Dürrenmatt
682. **Noites brancas** – Dostoiévski
683. **Quadras ao gosto popular** – Fernando Pessoa
684. **Romanceiro da Inconfidência** – Cecília Meireles
685. **Kaos** – Millôr Fernandes
686. **A pele de onagro** – Balzac
687. **As ligações perigosas** – Choderlos de Laclos
688. **Dicionário de matemática** – Luiz Fernandes Cardoso
689. **Os Lusíadas** – Luís Vaz de Camões
690(11). **Átila** – Éric Deschodt
691. **Um jeito tranquilo de matar** – Chester Himes
692. **A felicidade conjugal** *seguido de* **O diabo** – Tolstói
693. **Viagem de um naturalista ao redor do mundo** – vol. 1 – Charles Darwin
694. **Viagem de um naturalista ao redor do mundo** – vol. 2 – Charles Darwin
695. **Memórias da casa dos mortos** – Dostoiévski
696. **A Celestina** – Fernando de Rojas
697. **Snoopy: Como você é azarado, Charlie Brown! (6)** – Charles Schulz
698. **Dez (quase) amores** – Claudia Tajes
699(9). **Poirot sempre espera** – Agatha Christie
700. **Cecília de bolso** – Cecília Meireles
701. **Apologia de Sócrates** *precedido de* **Êutifron** e *seguido de* **Críton** – Platão
702. **Wood & Stock** – Angeli
703. **Striptiras (3)** – Laerte
704. **Discurso sobre a origem e os fundamentos da desigualdade entre os homens** – Rousseau
705. **Os duelistas** – Joseph Conrad
706. **Dilbert (2)** – Scott Adams
707. **Viver e escrever** (vol. 1) – Edla van Steen
708. **Viver e escrever** (vol. 2) – Edla van Steen
709. **Viver e escrever** (vol. 3) – Edla van Steen
710(10). **A teia da aranha** – Agatha Christie
711. **O banquete** – Platão
712. **Os belos e malditos** – F. Scott Fitzgerald
713. **Libelo contra a arte moderna** – Salvador Dalí
714. **Akropolis** – Valerio Massimo Manfredi
715. **Devoradores de mortos** – Michael Crichton
716. **Sob o sol da Toscana** – Frances Mayes
717. **Batom na cueca** – Nani
718. **Vida dura** – Claudia Tajes
719. **Carne trêmula** – Ruth Rendell
720. **Cris, a fera** – David Coimbra
721. **O anticristo** – Nietzsche
722. **Como um romance** – Daniel Pennac
723. **Emboscada no Forte Bragg** – Tom Wolfe
724. **Assédio sexual** – Michael Crichton
725. **O espírito do Zen** – Alan W. Watts
726. **Um bonde chamado desejo** – Tennessee Williams
727. **Como gostais** *seguido de* **Conto de inverno** – Shakespeare
728. **Tratado sobre a tolerância** – Voltaire
729. **Snoopy: Doces ou travessuras? (7)** – Charles Schulz
730. **Cardápios do Anonymus Gourmet** – J.A. Pinheiro Machado
731. **100 receitas com lata** – J.A. Pinheiro Machado
732. **Conhece o Mário?** vol.2 – Santiago
733. **Dilbert (3)** – Scott Adams
734. **História de um louco amor** *seguido de* **Passado amor** – Horacio Quiroga
735(11). **Sexo: muito prazer** – Laura Meyer da Silva
736(12). **Para entender o adolescente** – Dr. Ronald Pagnoncelli
737(13). **Desembarcando a tristeza** – Dr. Fernando Lucchese
738. **Poirot e o mistério da arca espanhola & outras histórias** – Agatha Christie
739. **A última legião** – Valerio Massimo Manfredi
740. **As virgens suicidas** – Jeffrey Eugenides
741. **Sol nascente** – Michael Crichton
742. **Duzentos ladrões** – Dalton Trevisan
743. **Os devaneios do caminhante solitário** – Rousseau
744. **Garfield, o rei da preguiça (10)** – Jim Davis
745. **Os magnatas** – Charles R. Morris
746. **Pulp** – Charles Bukowski
747. **Enquanto agonizo** – William Faulkner
748. **Aline: viciada em sexo (3)** – Adão Iturrusgarai
749. **A dama do cachorrinho** – Anton Tchékhov
750. **Tito Andrônico** – Shakespeare
751. **Antologia poética** – Anna Akhmátova
752. **O melhor de Hagar 6** – Dik e Chris Browne
753(12). **Michelangelo** – Nadine Sautel
754. **Dilbert (4)** – Scott Adams
755. **O jardim das cerejeiras** *seguido de* **Tio Vânia** – Tchékhov
756. **Geração Beat** – Claudio Willer
757. **Santos Dumont** – Alcy Cheuiche
758. **Budismo** – Claude B. Levenson
759. **Cleópatra** – Christian-Georges Schwentzel
760. **Revolução Francesa** – Frédéric Bluche, Stéphane Rials e Jean Tulard

761. **A crise de 1929** – Bernard Gazier
762. **Sigmund Freud** – Edson Sousa e Paulo Endo
763. **Império Romano** – Patrick Le Roux
764. **Cruzadas** – Cécile Morrisson
765. **O mistério do Trem Azul** – Agatha Christie
766. **Os escrúpulos de Maigret** – Simenon
767. **Maigret se diverte** – Simenon
768. **Senso comum** – Thomas Paine
769. **O parque dos dinossauros** – Michael Crichton
770. **Trilogia da paixão** – Goethe
771. **A simples arte de matar** (vol.1) – R. Chandler
772. **A simples arte de matar** (vol.2) – R. Chandler
773. **Snoopy: No mundo da lua! (8)** – Charles Schulz
774. **Os Quatro Grandes** – Agatha Christie
775. **Um brinde de cianureto** – Agatha Christie
776. **Súplicas atendidas** – Truman Capote
777. **Ainda restam aveleiras** – Simenon
778. **Maigret e o ladrão preguiçoso** – Simenon
779. **A viúva imortal** – Millôr Fernandes
780. **Cabala** – Roland Goetschel
781. **Capitalismo** – Claude Jessua
782. **Mitologia grega** – Pierre Grimal
783. **Economia: 100 palavras-chave** – Jean-Paul Betbèze
784. **Marxismo** – Henri Lefebvre
785. **Punição para a inocência** – Agatha Christie
786. **A extravagância do morto** – Agatha Christie
787. (13).**Cézanne** – Bernard Fauconnier
788. **A identidade Bourne** – Robert Ludlum
789. **Da tranquilidade da alma** – Sêneca
790. **Um artista da fome** *seguido de* **Na colônia penal e outras histórias** – Kafka
791. **Histórias de fantasmas** – Charles Dickens
792. **A louca de Maigret** – Simenon
793. **O amigo de infância de Maigret** – Simenon
794. **O revólver de Maigret** – Simenon
795. **A fuga do sr. Monde** – Simenon
796. **O Uruguai** – Basílio da Gama
797. **A mão misteriosa** – Agatha Christie
798. **Testemunha ocular do crime** – Agatha Christie
799. **Crepúsculo dos ídolos** – Friedrich Nietzsche
800. **Maigret e o negociante de vinhos** – Simenon
801. **Maigret e o mendigo** – Simenon
802. **O grande golpe** – Dashiell Hammett
803. **Humor barra pesada** – Nani
804. **Vinho** – Jean-François Gautier
805. **Egito Antigo** – Sophie Desplancques
806. (14).**Baudelaire** – Jean-Baptiste Baronian
807. **Caminho da sabedoria, caminho da paz** – Dalai Lama e Felizitas von Schönborn
808. **Senhor e servo e outras histórias** – Tolstói
809. **Os cadernos de Malte Laurids Brigge** – Rilke
810. **Dilbert (5)** – Scott Adams
811. **Big Sur** – Jack Kerouac
812. **Seguindo a correnteza** – Agatha Christie
813. **O álibi** – Sandra Brown
814. **Montanha-russa** – Martha Medeiros
815. **Coisas da vida** – Martha Medeiros
816. **A cantada infalível** *seguido de* **A mulher do centroavante** – David Coimbra
817. **Maigret e os crimes do cais** – Simenon
818. **Sinal vermelho** – Simenon
819. **Snoopy: Pausa para a soneca (9)** – Charles Schulz
820. **De pernas pro ar** – Eduardo Galeano
821. **Tragédias gregas** – Pascal Thiercy
822. **Existencialismo** – Jacques Colette
823. **Nietzsche** – Jean Granier
824. **Amar ou depender?** – Walter Riso
825. **Darmapada: A doutrina budista em versos**
826. **J'Accuse...! – a verdade em marcha** – Zola
827. **Os crimes ABC** – Agatha Christie
828. **Um gato entre os pombos** – Agatha Christie
829. **Maigret e o sumiço do sr. Charles** – Simenon
830. **Maigret e a morte do jogador** – Simenon
831. **Dicionário de teatro** – Luiz Paulo Vasconcellos
832. **Cartas extraviadas** – Martha Medeiros
833. **A longa viagem de prazer** – J. J. Morosoli
834. **Receitas fáceis** – J. A. Pinheiro Machado
835. (14).**Mais fatos & mitos** – Dr. Fernando Lucchese
836. (15).**Boa viagem!** – Dr. Fernando Lucchese
837. **Aline: Finalmente nua!!! (4)** – Adão Iturrusgarai
838. **Mônica tem uma novidade!** – Mauricio de Sousa
839. **Cebolinha em apuros!** – Mauricio de Sousa
840. **Sócios no crime** – Agatha Christie
841. **Bocas do tempo** – Eduardo Galeano
842. **Orgulho e preconceito** – Jane Austen
843. **Impressionismo** – Dominique Lobstein
844. **Escrita chinesa** – Viviane Alleton
845. **Paris: uma história** – Yvan Combeau
846. (15).**Van Gogh** – David Haziot
847. **Maigret e o corpo sem cabeça** – Simenon
848. **Portal do destino** – Agatha Christie
849. **O futuro de uma ilusão** – Freud
850. **O mal-estar na cultura** – Freud
851. **Maigret e o matador** – Simenon
852. **Maigret e o fantasma** – Simenon
853. **Um crime adormecido** – Agatha Christie
854. **Satori em Paris** – Jack Kerouac
855. **Medo e delírio em Las Vegas** – Hunter Thompson
856. **Um negócio fracassado e outros contos de humor** – Tchékhov
857. **Mônica está de férias!** – Mauricio de Sousa
858. **De quem é esse coelho?** – Mauricio de Sousa
859. **O burgomestre de Furnes** – Simenon
860. **O mistério Sittaford** – Agatha Christie
861. **Manhã transfigurada** – Luiz Antonio de Assis Brasil
862. **Alexandre, o Grande** – Pierre Briant
863. **Jesus** – Charles Perrot
864. **Islã** – Paul Balta
865. **Guerra da Secessão** – Farid Ameur
866. **Um rio que vem da Grécia** – Cláudio Moreno
867. **Maigret e os colegas americanos** – Simenon
868. **Assassinato na casa do pastor** – Agatha Christie
869. **Manual do líder** – Napoleão Bonaparte
870. (16).**Billie Holiday** – Sylvia Fol
871. **Bidu arrasando!** – Mauricio de Sousa
872. **Desventuras em família** – Mauricio de Sousa
873. **Liberty Bar** – Simenon

874. **E no final a morte** – Agatha Christie
875. **Guia prático do Português correto – vol. 4** – Cláudio Moreno
876. **Dilbert (6)** – Scott Adams
877(17). **Leonardo da Vinci** – Sophie Chauveau
878. **Bella Toscana** – Frances Mayes
879. **A arte da ficção** – David Lodge
880. **Striptiras (4)** – Laerte
881. **Skrotinhos** – Angeli
882. **Depois do funeral** – Agatha Christie
883. **Radicci 7** – Iotti
884. **Walden** – H. D. Thoreau
885. **Lincoln** – Allen C. Guelzo
886. **Primeira Guerra Mundial** – Michael Howard
887. **A linha de sombra** – Joseph Conrad
888. **O amor é um cão dos diabos** – Bukowski
889. **Maigret sai em viagem** – Simenon
890. **Despertar: uma vida de Buda** – Jack Kerouac
891(18). **Albert Einstein** – Laurent Seksik
892. **Hell's Angels** – Hunter Thompson
893. **Ausência na primavera** – Agatha Christie
894. **Dilbert (7)** – Scott Adams
895. **Ao sul de lugar nenhum** – Bukowski
896. **Maquiavel** – Quentin Skinner
897. **Sócrates** – C.C.W. Taylor
898. **A casa do canal** – Simenon
899. **O Natal de Poirot** – Agatha Christie
900. **As veias abertas da América Latina** – Eduardo Galeano
901. **Snoopy: Sempre alerta! (10)** – Charles Schulz
902. **Chico Bento: Plantando confusão** – Mauricio de Sousa
903. **Penadinho: Quem é morto sempre aparece** – Mauricio de Sousa
904. **A vida sexual da mulher feia** – Claudia Tajes
905. **100 segredos de liquidificador** – José Antonio Pinheiro Machado
906. **Sexo muito prazer 2** – Laura Meyer da Silva
907. **Os nascimentos** – Eduardo Galeano
908. **As caras e as máscaras** – Eduardo Galeano
909. **O século do vento** – Eduardo Galeano
910. **Poirot perde uma cliente** – Agatha Christie
911. **Cérebro** – Michael O'Shea
912. **O escaravelho de ouro e outras histórias** – Edgar Allan Poe
913. **Piadas para sempre (4)** – Visconde da Casa Verde
914. **100 receitas de massas light** – Helena Tonetto
915(19). **Oscar Wilde** – Daniel Salvatore Schiffer
916. **Uma breve história do mundo** – H. G. Wells
917. **A Casa do Penhasco** – Agatha Christie
918. **Maigret e o finado sr. Gallet** – Simenon
919. **John M. Keynes** – Bernard Gazier
920(20). **Virginia Woolf** – Alexandra Lemasson
921. **Peter e Wendy** *seguido de* **Peter Pan em Kensington Gardens** – J. M. Barrie
922. **Aline: numas de colegial (5)** – Adão Iturrusgarai
923. **Uma dose mortal** – Agatha Christie
924. **Os trabalhos de Hércules** – Agatha Christie
925. **Maigret na escola** – Simenon
926. **Kant** – Roger Scruton
927. **A inocência do Padre Brown** – G.K. Chesterton
928. **Casa Velha** – Machado de Assis
929. **Marcas de nascença** – Nancy Huston
930. **Aulete de bolso**
931. **Hora Zero** – Agatha Christie
932. **Morte na Mesopotâmia** – Agatha Christie
933. **Um crime na Holanda** – Simenon
934. **Nem te conto, João** – Dalton Trevisan
935. **As aventuras de Huckleberry Finn** – Mark Twain
936(21). **Marilyn Monroe** – Anne Plantagenet
937. **China moderna** – Rana Mitter
938. **Dinossauros** – David Norman
939. **Louca por homem** – Claudia Tajes
940. **Amores de alto risco** – Walter Riso
941. **Jogo de damas** – David Coimbra
942. **Filha é filha** – Agatha Christie
943. **M ou N?** – Agatha Christie
944. **Maigret se defende** – Simenon